1교시
세계의 민족 운동

책 속의 QR 코드로 용선생의 세계 문화유산 강의를 볼 수 있습니다.
QR 코드를 스캔하여 회원 가입 및 로그인 진행 후
도서 구매 시 제공된 영상 쿠폰 번호를 등록해 주세요.

영상 재생 방법
❶ QR 코드 스캔 ⋯▶ ❷ 회원 가입 / 로그인 ⋯▶ ❸ 영상 쿠폰 번호 등록 ⋯▶ ❹ 영상 재생

회원 가입/로그인 후에 영상 재생을 위해 QR 코드를 다시 스캔해 주세요.
쿠폰 번호는 최초 1회만 등록 가능하며, 변경 또는 양도할 수 없습니다.
로그인 상태라면 즉시 영상을 재생할 수 있습니다.
PC에서는 용선생 클래스(yongclass.com)에서 시청할 수 있습니다.

영상 재생 방법 안내

글 차윤석
서울대학교 독어독문학과를 졸업하고 같은 학교 대학원에서 석·박사 과정을 거친 뒤 독일 뮌헨대학교에서 중세문학 박사 과정을 마쳤습니다.

글 김선빈
고려대학교 국어국문학과를 졸업하고 웹진 <거울> 등에서 소설을 썼습니다. 어린이 교육과 관련된 일을 시작하여 국어, 사회, 세계사와 관련된 다양한 교재와 콘텐츠를 개발했습니다.

글 박병익
고려대학교 사학과를 졸업했습니다. 사실의 나열이 아닌 '왜?'와 '어떻게?'라는 질문을 통해 어린이들이 역사와 친해지는 글을 쓰기 위해 오늘도 고민하고 있습니다.

글 김선혜
고려대학교 사학과를 졸업하고 여러 회사에서 콘텐츠 매니저, 기획 업무를 담당했습니다.

그림 이우일
홍익대학교에서 시각디자인을 공부한 만화가입니다. '노빈손' 시리즈의 모든 일러스트레이션을 그렸으며 지은 책으로는 《우일우화》, 《옥수수빵파랑》, 《좋은 여행》, 《고양이 카프카의 고백》 등이 있습니다.

설명삽화 박기종
단국대학교 동양화과와 홍익대학교 대학원을 나와 지금은 아이들의 신나는 책 읽기를 위해 어린이 책 일러스트 작가로 활동하고 있습니다.

지도 김경진
'매핑'이란 지도 회사에서 일하면서 어린이, 청소년 책에 지도를 그리고 있습니다. 얼마 전까지 중학교 교과서 만드는 일도 했습니다. 참여한 책으로는 《아틀라스 중국사》, 《아틀라스 일본사》, 《아틀라스 중앙유라시아사》, 《미래를 여는 한국의 역사》 등이 있습니다.

구성 장유영
서울대학교에서 지리교육과 언론정보학을 공부했습니다. 졸업 후 학교에서 학생들을 가르치다 지금은 어린이책을 만들고 있습니다.

구성 정지윤
서울대학교 국어교육과를 졸업하고 문화예술, 교육 분야 기관에서 기획 업무를 담당했습니다.

자문 및 감수 강영순
아세아연합신학대학교 아세아학과를 졸업하고 한국외국어대학교 대학원 아시아학과에서 석사 학위를, 국립 인도네시아대학교에서 박사 학위를 받았습니다. 현재 한국외국어대학교 말레이·인도네시아어통번역 학과에서 강의를 하고 있습니다. <인도네시아 환경정치에 대한 연구: 열대림을 중심으로>, <수까르노와 이승만: 제2차 세계 대전 후 건국 지도자 비교>, <인도네시아 서 파푸아 특별자치제에 관한 연구> 등의 논문을 지었습니다.

자문 및 감수 김광수
한국외국어대학교를 졸업하고 남아프리카 공화국 노스-웨스트대학교 역사학과에서 석사·박사 학위를 받았습니다. 현재 한국외국어대학교 아프리카연구소 HK교수로 재직 중입니다. 지은 책으로 《스와힐리어 연구》, 《에티오피아 악숨 문명》 등이 있고, 함께 지은 책으로 《7인 7색 아프리카》, 《남아프리카사》 등이 있으며 《현대 아프리카의 이해》를 우리말로 옮겼습니다.

자문 및 감수 이지은
이화여대 사학과를 졸업하고 한국외국어대학교와 인도델리대학교, 네루대학교에서 석사·박사 학위를 받았습니다. 현재 한국외국어대학교 인도연구소 HK연구교수로 일하고 있습니다. 함께 지은 책으로는 《탈서구중심주의는 가능한가》가 있으며 <인도 식민지 시기와 국가형성기 하층카스트 엘리트의 저항 담론 형성과 역사인식>, <반서구중심주의에서 원리주의까지> 등의 논문을 지었습니다.

자문 및 감수 최재인
서울대학교 서양사학과를 졸업하고 같은 학교 대학원에서 석사·박사 학위를 받았습니다. 현재 서울대학교 강사로 일하고 있습니다. 함께 지은 책으로 《서양여성들 근대를 달리다》, 《여성의 삶과 문화》, 《다민족 다인종 국가의 역사인식》, 《동서양 역사 속의 다문화적 전개양상》 등이 있고, 《가부장제와 자본주의》, 《유럽의 자본주의》, 《세계사 공부의 기초》 등을 우리말로 옮겼습니다.

교과 과정 감수 박혜정
성균관대학교 역사교육과를 졸업하고 현재는 경기도 용인 신촌중학교에서 근무하고 있습니다. 『나의 첫 세계사』를 집필하였습니다.

교과 과정 감수 한유라
홍익대학교 역사교육과를 졸업하고, 현재는 경기도 광명 충현중학교에서 근무하고 있습니다. 『12.3 사태, 그날 밤의 기록』을 집필하였습니다.

교과 과정 감수 원지혜
동국대학교 역사교육과를 졸업하고, 현재는 경기도 시흥 은계중학교에서 근무하고 있습니다. 『더 늦기 전에 시작하는 생태환경사 수업』의 공저자입니다.

기획자문 세계로
1991년부터 역사 전공자들이 모여 함께 고민하고 연구하며 한국사와 세계사를 가르치고 있습니다. 《용선생의 시끌벅적 한국사》 기획에 참여했고, 지은 책으로는 역사동화 '이선비' 시리즈가 있습니다.

12 제국주의의 확산과 제1차 세계 대전
세계의 민족 운동, 러시아·독일의 성장, 제1차 세계 대전

교양으로 읽는
용선생
세계사

글 | 차윤석 김선빈 박병익 김선혜
그림 | 이우일 박기종

차례

1교시 세계 곳곳에서 저항이 시작되다

동서양의 문화가 한데 어우러진 섬나라 필리핀	014
세포이 항쟁, 인도인의 분노가 폭발하다	020
영국 정부가 인도를 직접 통치하다	029
인도 국민회의가 탄생하고 스와라지 운동이 일어나다	033
동남아시아에 저항의 씨앗이 뿌려지다	040
아프리카 곳곳에서 저항 운동이 벌어지다	050

나선애의 정리노트	065
세계사 퀴즈 달인을 찾아라!	066
용선생 세계사 카페	
동남아시아에 뿌리를 내린 화교의 세계	068
다이아몬드는 영원히? 다이아몬드의 두 얼굴	072

교과 연계 중학교 역사① V-3 아시아의 국민 국가 건설 운동

2교시 러시아와 독일이 성장하며 유럽에 긴장이 커지다

유럽의 화약고 발칸반도의 루마니아와 불가리아	080
크림 전쟁, 러시아의 팽창을 막아라!	086
러시아가 개혁을 시도하며 계속 팽창해 나가다	093
비스마르크의 신중한 외교 전략	103
독일이 외교 전략을 바꾸며 유럽의 세력 균형이 변화하다	109
유럽의 화약고가 된 발칸반도	118

나선애의 정리노트	123
세계사 퀴즈 달인을 찾아라!	124
용선생 세계사 카페	
프랑스를 뒤흔든 드레퓌스 사건	126
빅토리아 여왕이 유럽의 할머니라고?	130

교과 연계 중학교 역사① V-1 유럽과 아메리카의 국민 국가 체제

 3교시 최초로 세계 대전이 일어나다

제1차 세계 대전이 시작된 세르비아와 그 이웃 나라를 가다	136
사라예보의 총성이 세계 대전으로 이어지다	142
국민들이 전쟁에 환호하며 승리를 확신하다	149
서부 전선의 참호 속에서 지옥이 펼쳐지다	153
미국의 참전과 함께 전쟁이 막바지로 접어들다	162
꺼지지 않은 전쟁의 불씨 베르사유 조약	170
폐허가 된 유럽에 여러 나라가 세워지다	177
나선애의 정리노트	183
세계사 퀴즈 달인을 찾아라!	184
용선생 세계사 카페	
제1차 세계 대전이 여성 참정권 운동에 영향을 끼쳤다고?	186
제1차 세계 대전에 참전한 아시아인	190

교과 연계 중학교 역사① VI-1 세계 대전과 국제 질서의 변화

 보충수업 19세기 유럽 문화 한눈에 살펴보기

문학: 낭만주의에서 깨어나 현실을 바라보다	194
미술: 눈앞의 현실을 담는 두 가지 방법	198
음악: 애국심을 자극하는 민족주의 시대	202
철학: 현실 문제를 본격적으로 고민하다	206

한눈에 보는 세계사-한국사 연표	210
찾아보기	212
참고문헌	214
사진 제공	221
퀴즈 정답	223

초대하는 글

용선생 역사반, 세계로 출발!

여러분, 안녕! 용선생 역사반에 온 걸 환영해!

용선생 역사반의 명성은 익히 들어 잘 알고 있겠지? 신나고 즐거운 데다 깊이까지 있다고 소문이 쫙 났더라고. 역사반에서 공부한 하다와 선애, 수재, 영심이도 중학교 잘 다니고 있다는 소식을 들었지.

그런데 어느 날 중학생이 된 하다와 선애, 수재, 영심이가 다짜고짜 찾아와서 막 따지는 거야.

"선생님! 왜 역사반에서는 한국사만 가르쳐 주신 거예요?"

"중학교 가자마자 세계사를 배우는데, 이름도 지명도 너무 낯설고 어려워요!"

"역사반 덕분에 초등학교 때는 천재 소리 들었는데, 중학교 가서 완전 바보 되는 거 아니에요?"

한참을 그러더니 마지막에는 세계사도 가르쳐 달라고 조르더라고.

"너희들은 중학생이어서 역사반에 들어올 수 없어~"

그랬더니 선애가 벌써 교장 선생님한테 허락을 받았다는 거야. 아닌 게 아니라 다음날 교장 선생님께서 나를 불러 이러시더군.

"용선생님, 방과 후 시간에 역사반 아이들을 위한 세계사 수업을 해 보면 어떨까요?"

결국 역사반 아이들은 다시 하나로 뭉쳤어.

원래 역사반에서 세계사까지 가르칠 계획은 전혀 없었지만… 피할 수 없다면 즐겨라. 역사반 아이들이 이토록 원하는데 용선생이 어떻게 가만히 있을 수 있겠어? 그래서 중·고등학교 세계사 교과서들은 물론이고, 서점에 나와 있는 세계사 책들, 심지어 미국과 독일을 비롯한 세계사 교과서까지 몽땅 긁어모은 뒤 철저히 조사했어. 뭘 어떻게 가르칠지 결정하기 위해서였지. 그런 뒤 몇 가지 원칙을 정했어.

첫째, 지도를 최대한 활용하자! 서점에 나와 있는 책들은 대부분 지도가 부족하더군. 역사란 건 공간에 시간이 쌓인 거야. 그러니 그 공간을 알아야 역사가 이해되지 않겠어? 그래서 지도를 최대한 많이 넣어서 너희들의 지리 감각을 올려주기로 했단다.

둘째, 사람들이 살아가는 모습을 꼼꼼히 들여다보자! 세계사 공부를 할 때 중요 사건이 왜 일어났는지도 중요하지만, 그때 사람들이 어떤 모습으로 살았는지도 중요해. 그 모습을 보면, 그들이 왜 그렇게 살았는지, 우리와는 무엇이 같고 다른지 알 수 있게 될 거야.

셋째, 사진과 그림을 최대한 많이 보여주자! 사진 한 장이 백 마디 말보다 사건이나 시대 분위기를 훨씬 더 효과적으로 전달할 때가 많아. 특히 세계사를 처음 배울 때는 이런 시각 자료가 큰 도움이 되지. 사진이나 그림은 당시 분위기를 파악하는 데도 아주 좋은 자료란다.

==넷째, 다른 역사책에서 잘 다루지 않는 지역의 역사도 다루자!== 인류 문명은 어떤 특정한 집단이나 나라가 만든 게 아니라, 지구상에 살았던 모든 집단과 나라가 빚어낸 합작품이야. 아프리카, 아메리카 원주민, 유목민도 유럽과 아시아 못지않게 인류 문명의 발전에 기여했다는 말이지. 세계 각지에서 일어난 문명과 역사를 알면 세계사가 더 쉽게 느껴질 거야.

==다섯째, 과거와 현재를 연결하자.== 수업 시작하기 전에 그 시간에 배울 사건들이 일어났던 나라나 도시의 현재 모습을 보게 될 거야. 그 장소가 과거뿐 아니라 지금도 사람들의 삶의 현장이라는 것을 보여 주기 위해서지. 예를 들어 메소포타미아 하면 사람들은 메소포타미아 문명이 일어난 곳으로만 알지, 지금 그곳에 이라크라는 나라가 있다는 사실은 모르는 경우가 많아. 지금 이라크 사람들의 모습과 옛날 메소포타미아 문명 사람들의 모습을 비교해 보는 것도 좋은 역사 공부 방법이란다.

이런 원칙으로 재미있게 세계사 공부를 하려는데, 작은 문제가 하나 있어. 세계사는 한국사와 달리, 직접 현장을 방문하기가 쉽지 않다는 점이지. 하지만 용선생이 누구냐. 역사 공부를 위해서라면 물불 가리지 않는 용선생이 이번에는 너희들이 볼 수 있는 영상도 만들었어. ==책 속의 QR코드를 찍으면 세계 곳곳의 문화유산과 흥미로운 사건을 볼 수 있을 거야.==

자, 얘들아. 그럼 이제 슬슬 세계사 여행을 시작해 볼까?

등장인물

'용쓴다 용써' 용선생

어쩌다 맡게 된 역사반에, 한국사에 이어 세계사까지 가르치게 됐다. 맡은바 용선생의 명예를 욕되게 할 수는 없지. 제멋대로 자란 머리카락을 휘날리며 오늘도 용쓴다.

'장하다 장해' 장하다

'튼튼하게만 자라 다오.'라는 아버지의 소원대로 튼튼하게만 자랐다. 세계적인 축구 스타가 꿈! 세계를 다니려면 세계사 지식도 필수라는 생각에 세계사반에 지원했다. 영웅 이야기를 좋아해서 역사 인물들에게 관심이 많다.

'오늘도 나선다' 나선애

역사 마스터를 꿈꾸는 우등생. 공부도 잘하고 아는 게 많아서 잘 나선다. 글로벌 인재가 되려면 기초 교양이 튼튼해야 한다는 생각으로 용선생을 찾아가 세계사반을 만들게 한다. 어려운 역사 용어들을 똑소리 나게 정리해 준다.

'잘난 척 대장' 왕수재

시도 때도 없이 잘난 척을 해서 얄밉지만 천재적인 기억력 하나만큼은 인정. 또 하나 천재적인 데가 있으니 바로 깐족거림이다. 세계를 무대로 한 사업가를 꿈꾸다 보니 지리에 관심이 많다.

'엉뚱 낭만' 허영심

엉뚱 발랄한 매력을 가진 역사반의 분위기 메이커. 남다른 공감 능력이 있어서 사람들이 고통을 겪을 때면 눈물을 참지 못한다. 예술과 문화에 관심이 많고, 그 방면에서는 뛰어난 상식을 자랑한다.

'깍두기 소년' 곽두기

애교가 넘치는 역사반 막내. 훈장 할아버지 덕분에 뛰어난 한자 실력을 갖추고 있으며, 어휘력만큼은 형과 누나들을 뛰어넘을 정도. 그래서 새로운 단어가 등장할 때마다 한자 풀이를 해 주는 것이 곽두기의 몫.

1교시

세계 곳곳에서 저항이 시작되다

세계를 집어삼킨 제국주의의 열풍 때문에 많은 사람이 고통받았어.
식민지로 전락한 아시아와 아프리카 곳곳에서는
제국주의 열강의 침입에 저항하고,
열강에 맞서 실력을 키우려는 움직임이 활발하게 일어났지.
오늘은 세계 곳곳에서 벌어진 저항 운동 현장 속으로 떠나 보자.

1857년	1858년	1879년	1885년	1892년	1899년~1902년	1905년
세포이 항쟁	영국의 인도 직접 통치 시작	이산들와나 전투	인도 국민회의 결성	호세 리살, 필리핀 민족 동맹 결성	남아프리카 전쟁	벵골 분할령

동서양의 문화가 한데 어우러진 섬나라 필리핀

필리핀은 중국과 인도네시아 사이 7,107개 섬으로 구성된 섬나라야. 국토 면적은 한반도의 1.5배, 인구는 무려 약 1억 1,400만 명으로 세계 13위란다. 필리핀은 예로부터 중국과 동남아시아를 잇는 바닷길의 요지였어. 그래서 일찍부터 다양한 문화가 들어와 섞이며 필리핀만의 특색 있는 문화가 탄생했지. 특히, 에스파냐와 미국의 오랜 식민 지배를 통해 유입된 서양 문화는 필리핀의 종교, 언어, 경제 등에 많은 영향을 끼쳤단다.

▶ **마닐라의 도심 전경**
수도 마닐라는 루손섬 마닐라만에 위치한 최대 항구 도시야. 에스파냐와 미국은 마닐라를 식민 지배의 거점으로 삼았지.

▲ **마닐라에 진출한 다국적 기업의 콜센터**
필리핀에는 다국적 기업의 콜센터가 계속 들어서고 있어. 영어 회화가 가능한 저렴한 노동력을 언제든 쉽게 구할 수 있기 때문이지.

에스파냐와 미국의 영향을 받은 종교와 언어

필리핀은 아시아 최대의 가톨릭 국가야. 1600년대부터 수백 년간 에스파냐의 지배를 받은 영향으로 오늘날까지도 국민 대부분이 가톨릭 신자거든. 필리핀 어디에서나 유럽풍 성당을 쉽게 찾아볼 수 있고, 성대한 축제들도 거의 가톨릭 축제란다. 에스파냐가 물러난 뒤에는 미국의 통치를 받았는데, 이때부터 영어가 필리핀어와 함께 공용어로 자리 잡았어.

◀ 필리핀의 교통 표지판
필리핀은 문자로 알파벳을 사용해.

◀ 필리핀의 명물 '지프니'
미군이 남긴 군용 지프를 개조한 소형 버스야. 대중교통이 턱없이 부족한 필리핀 곳곳을 누비는 서민의 발이지. 최근엔 일본 디젤 트럭을 개조해 만들고 있어.

◀ **필리핀 최대 가톨릭 축제 블랙 나자렌** 매년 1월 9일 열리는 가톨릭 축제야. '블랙 나자렌'이라 불리는 검은 얼굴의 예수 조각상을 수레에 싣고 동네를 한 바퀴 도는데, 블랙 나자렌을 만지면 병이 낫고 죄를 씻을 수 있대.

▲ **유네스코 세계유산 성 어거스틴 성당** 필리핀에 세워진 최초의 유럽식 건물이자 가장 오래된 성당이야. 지진과 전쟁에 한 번도 파괴된 적이 없어서 기적의 성당이라고도 해.

◀ **필리핀에서 가장 긴 역사를 자랑하는 산토 토마스 대학교** 에스파냐인 마닐라 대주교가 1611년에 세운 가톨릭 대학이야. 호세 리살 등 수많은 명사를 배출했지.

▼ **보홀의 초콜릿 언덕** 키세스 초콜릿을 닮은 수백 개의 화산 오름으로 유명해.

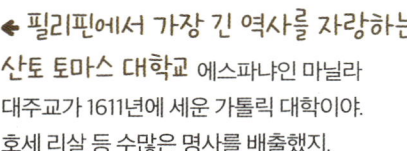

불의 고리에서 탄생한 아름다운 자연

필리핀은 화산 폭발과 지진이 잦아서 '불의 고리'라 불리는 지역에 위치하고 있어. 하지만 화산이 만들어 놓은 수많은 섬과 아름다운 자연을 즐기러 전 세계에서 관광객이 찾아온단다.

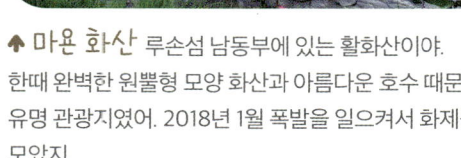

▲ **마욘 화산** 루손섬 남동부에 있는 활화산이야. 한때 완벽한 원뿔형 모양 화산과 아름다운 호수 때문에 유명 관광지였어. 2018년 1월 폭발을 일으켜서 화제를 모았지.

◀ **세계적인 관광지 세부** 세부섬은 최초로 세계 일주에 성공한 마젤란이 필리핀에서 처음 도달한 곳이야. 아름답고 깨끗한 바다 풍경 덕택에 관광지로 개발됐지.

◀ **코코넛 플랜테이션 농장** 필리핀은 세계적인 열대 과일 수출국이야. 특히 코코넛과 파인애플, 바나나의 수출량은 세계 1, 2위를 다투는 수준이야.

여러 나라의 영향을 받은 음식 문화

필리핀 사람들의 주식은 쌀밥이지만 반찬 등 여러 요리는 중국, 에스파냐, 미국 등의 영향을 받았어. 필리핀은 아시아에서 열대 과일을 가장 많이 생산하는 국가라 코코넛과 칼라만시라는 새콤한 과일이 요리에 많이 쓰여. 섬나라라 해산물도 풍부하고, 닭고기와 돼지고기를 즐겨 먹지.

↑ **룸피아**
필리핀식 중국 춘권이야.

↑ **특별한 날 먹는 레촌**
새끼 돼지 통구이 요리야. 에스파냐에서 전해졌대.

← **산미구엘**
필리핀의 국민 맥주로 세계적으로도 유명해. 에스파냐의 양조 기술로 만든다는구나.

→ **바나나 케첩**
필리핀에 풍부한 바나나로 만든 케첩이야.

↑ **칼라만시** 필리핀의 거의 모든 음식에 들어가는 과일이야. 요새는 우리나라에서도 주스로 만들어 먹곤 해.

← **시나강** 칼라만시 즙으로 신맛을 낸 전통 생선 요리야.

필리핀의 불안한 정치와 경제

필리핀은 미국에서 독립한 이후 1970년대까지는 아시아에서 일본 다음으로 부유한 나라였어. 하지만 지금은 절대 빈곤층이 인구의 3분의 1을 차지할 만큼 경제적으로 어려움을 겪고 있단다. 소수의 대지주 가문이 부와 권력을 독점해 경제 발전을 막고 있는 게 필리핀의 고질적 문제야. 부정부패도 심각해서 경찰이나 공무원이 마약단과 손잡고 마약을 밀매하는 일도 심심찮게 벌어진단다.

↓ **비자 연장을 위해 기다리는 홍콩의 필리핀 가사 도우미들** 필리핀을 떠나 해외에서 일하는 노동자가 필리핀 전체 인구의 10퍼센트나 돼. 이들이 본국의 가족에게 보내는 돈은 필리핀 외화 수입의 40퍼센트를 차지하지.

↑ **마약과의 전쟁을 선포한 두테르테** 필리핀에서 마약은 심각한 사회 문제야. 2016년에 선출된 두테르테 대통령은 마약과의 전쟁을 선포했어. 하지만 이 과정에서 범죄자를 무자비하게 대해서 인권 침해라는 비판을 받고 있단다.

분리 독립을 주장하는 민다나오

필리핀 남부 민다나오섬은 필리핀에서 이슬람교도가 가장 많은 곳이야. 민다나오 전체 인구의 35퍼센트, 약 89만 명에 이르지. 식민지 시절 종교 탄압을 피해 이슬람교도 대부분이 이곳에 모여들었거든. 민다나오는 필리핀에서 독립하려고 약 40년간 전쟁을 벌였지. 최근에 정부가 이슬람교도의 자치를 일정 부분 허용하며 분쟁이 잠시 잠잠해졌지만 또 언제 갈등이 커질지 몰라.

↑ **내전으로 피난민이 된 민다나오 사람들** 내전으로 14만 명 이상이 사망했단다.

← **모로이슬람해방전선** 민다나오의 모로족은 1960년대부터 모로이슬람해방전선을 결성해 본격적으로 독립 운동을 시작했어.

세포이 항쟁, 인도인의 분노가 폭발하다

"제국주의 국가들이 세계를 다 지배하려고 하는데, 아시아와 아프리카 나라들은 당하고만 있었던 건가요?"

나선애가 손바닥을 주먹으로 치며 말했다.

"아니야. 꼭 우리나라가 일본의 침략에 맞서서 저항했던 것처럼, 아시아와 아프리카 곳곳에서도 조직적인 저항 운동이 시작됐단다. 무엇보다 인도에서 거센 저항이 일어났지."

"어쩐지! 그 넓은 인도가 너무 쉽게 점령당한 게 이상했어요."

용선생의 설명을 들은 허영심이 고개를 끄덕였다.

"영국이 지배하면서 인도는 정말 큰 고통을 받았어. 우선 경제적인 고통이 컸지. 원래 인도는 전 세계에서 가장 질 좋은 면직물을 생산해서 수출하는 지역이었어. 영국에게는 가장 큰 라이벌이라고 할 만했지. 영국도 산업 혁명 이후 본격적으로 면직물을 생산해서 팔기 시작했으니까 말이야. 그래서 인도 전역이 영국의 식민지로 전락하자, 영국은 인도의 면직물 산업을 파괴하기 위해 술수를 부렸단다."

"어떤 술수를요?"

용선생의 말에 두기가 토끼 눈을 떴다.

"가장 손쉬운 건 관세를 조정하는 거지. 영국은 영국에서 인도로 수출하는 면직물에는 관세를 면제하고, 인도에서 영국으로 수출하는 면직물에는 최고 100퍼센트까지 관세를 붙였어. 이렇게 하면 제아무리 인도 면직물의 질이 좋더라도 가격이 비싸져서 경쟁이 될 리가 없지."

곽두기의 국어 사전

면제 면할 면(免) 덜 제(除). 책임이나 의무 따위를 면하여 주는 것을 말해.

"그러니까 인도산 면직물이 비싸서 팔리지 않도록 가격을 일부러 조작했다는 거네요."

"그래. 영국인은 이걸로도 모자라서 아예 인도에서 면직물 작업장을 별 이유도 없이 파괴하고, 기술자들의 엄지손가락을 자르기까지 했어."

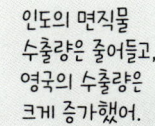

인도의 면직물 수출량은 줄어들고, 영국의 수출량은 크게 증가했어.

"손가락을 잘라요? 진짜 악랄하네요!"

"수천 년의 역사를 자랑하는 인도의 면직물 산업은 영국의 탄압으로 고작 수십 년 만에 몰락했어. 수많은 상인이 파산하고 기술자들은 실업자가 되었지. 하지만 영국은 전혀 아랑곳하지 않았단다. 아예 인도에서 대량으로 목화 농사를 지어서 영국 본국에 싼값으로 수출했지. 또 영국 동인도 회사는 아편을 재배해서 청나라에

↑ 인도 면직물 산업의 붕괴

↑ 직조기를 부수고 목화밭을 불태우는 영국 관리들

내다 팔기도 했어. 그 덕에 영국은 이득을 톡톡히 봤지."

"반대로 인도 사람들은 엄청나게 고통을 받았고요!"

장하다가 부루퉁한 표정을 지은 채 투덜댔다.

"문제는 그것만이 아니었어. 영국인은 인도 전통문화를 무시하고 인도인을 야만인 취급했거든. 인도 사람 입장에서는 무척 자존심이 상하고 거부감이 생길 수밖에 없었지. 인도는 무려 4,000년이 넘는 역사를 자랑하는 나라니까."

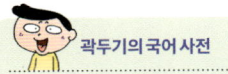

곽두기의 국어 사전

악습 악할 악(惡) 습관 습(習). 나쁜 풍습을 가리켜.

"아니, 무슨 이유로 인도 사람을 야만인 취급한 거예요?"

영심이가 팔짱을 끼고 씩씩거렸다.

"1800년대 인도에는 영국인이 보기에 깜짝 놀랄 악습이 여럿 있었거든. 대표적인 게 '사티'야. 사티는 남편이 죽으면 살아 있는 아내가 남편을 따라 죽는 풍습이었는데, 종교적인 이유로 인도 전역에 퍼져 있었어."

"뭐라고요? 인도에 그런 말도 안 되는 풍습이 있었어요?"

"응. 그 밖에도 영국인이 도저히 이해할 수 없는 풍습이 많았어. 아직 열 살도 되지 않은 여자아이를 시집보내는 전통도 있고, 엄격한 신분 제도인 카스트 제도 역시 이해할 수 없었지."

↑ **사티** 1800년대 당시 인도의 사티 풍습을 기록한 그림이야. 당시 영국인은 인도의 사티 풍습을 매우 야만적으로 여겼어.

"듣고 보니 인도인이 정말 야만인처럼 보였을 수도 있을 것 같아요."

곽두기가 조심스레 말하자 용선생은 고개를 끄덕였다.

"물론 사티 같은 악습은 당연히 사라져야 해. 그렇다고 이런 악습 몇 가지 때문에 모든 인도인을 싸잡아 야만인으로 여겨선 안 되지. 하지만 영국은 이런 악습을 근거로 인도의 전통문화와 역사도 모조리 무시하기 일쑤였어. 영국인은 인도인을 사사건건 차별했고, 선교사들도 힌두교와 이슬람교를 무시하고 크리스트교를 강요하기 바빴지. 게다가 영국인은 약속도 지키지 않았어."

"약속이라니요? 무슨 약속?"

"영국 동인도 회사가 세력을 넓혀 나갈 때 인도 현지 영주들과 했던 약속이야. 동인도 회사는 되도록 전쟁을 피하려고 인도 영주들을 여러 가지 방법으로 설득해 같은 편으로 만들었거든. 군대와 조언자를 보내서 영국의 보호를 받게 해 주겠다거나, 영주가 지배권을 내놓으면 대대손손 먹고살 수 있도록 연금을 주겠다고 하기도 했지. 그런데 시간이 흐르자 이런 약속을 헌신짝처럼 버리고, 영국 사람들이 모든 권력을 독차지했어."

"인도 사람들이 영국 속셈을 뒤늦게 눈치챈 거군요?"

"그런 셈이지. 그리고 평범한 농민들도 영국에 불만이 많았어. 인도에서 영국 세력이 커지자, 영국을 믿고 마구 횡포를 부리는 권력자들이 늘어났거든. 특히 지주와 세금을 걷는 관리의 착취가 날이 갈수록 심해져서 농민들은 생활이 어려울 지경이었지. 하지만 동인도 회사는 당장 돈벌이에만 눈이 멀어서 농민들의 삶에 큰 관심이 없었단다.

이렇게 불만이 차곡차곡 쌓여 간 끝에 결국엔 어마어마한 저항 운동이 일어났지."

"결국 터질 일이 터진 거네요."

"먼저 항쟁을 벌인 건 '세포이'라는 군인이었어. 세포이는 영국 동인도 회사에 고용된 인도인 용병이었지. 이들은 인도 출신이지만 아시아 일대의 영국 식민지에서 영국군으로 맹활약했어."

"그럼 영국군에 인도인이 많이 있었나요?"

"세포이는 영국 동인도 회사의 핵심 병력이었단다. 중국과의 아편 전쟁에 동원된 영국군도 알고 보면 대부분 세포이였거든. 1857년 무렵 인도에 주둔한 동인도 회사군은 35만 명 정도였는데, 이 중에 31만 명 정도가 세포이였지. 이들은 주로 브라만이나 크샤트리아 같은 상위 카스트 사람들이었어. 인도인 중에 영어를 배워서 영국군에 근무할 여유가 되는 사람은 상위 카스트 출신뿐이었거든."

"영국군에 인도인이 왜 그렇게 많았어요?"

"인도는 유럽에서 너무 멀어서 유럽인만으로 군대를 꾸릴 수가 없었기 때문이야. 더구나 병사들에게 줄 급료나, 유럽과는 달리 무더운 인도의 기후를 생각해 봐도 현지인을 고용하는 게 훨씬 이득이었지."

"그렇게 동인도 회사에서 근무하던 군인들이 결국 저항 운동에 나선 거군요."

나선애가 한마디로 정리하자 용선생이 고개를 크게 끄덕였다.

"응. 그런데 항쟁이 일어난 계기가 아주 사소

> **곽두기의 국어사전**
>
> **항쟁** 막을 항(抗) 싸울 쟁(爭). 외부의 침입이나 탄압에 맞서 싸우는 것을 가리켜.

↑ 세포이 세포이는 영국 동인도 회사에 고용된 인도인 용병이야. 영국 군복을 입은 채 인도와 중국 등 아시아 곳곳에서 영국군으로 활약했지.

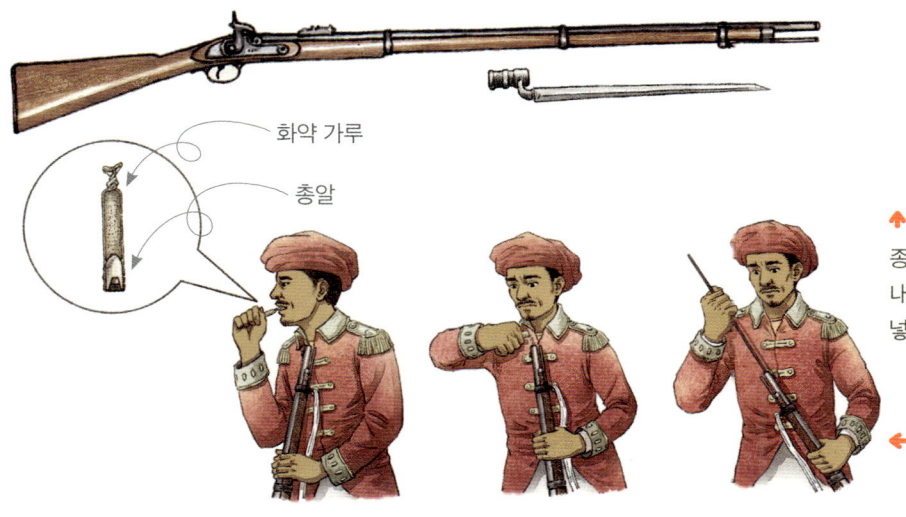
화약 가루
총알

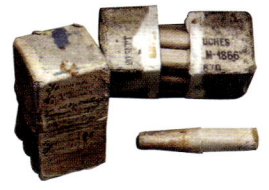
↑ 기름종이로 포장된 화약
종이 포장지를 이로 뜯어서 내부의 화약을 총에 직접 넣어야 했어.

← 당시 소총 장전 방법

했단다. 세포이가 배급받은 새 총기의 탄약이 문제였어."

"탄약 때문이라고요?"

"1800년대 중반에 영국군이 사용한 총은 총구에다 화약 가루를 붓고 총알을 하나씩 장전해야 했어. 화약 가루는 총알과 함께 기름종이로 포장되어 있었어. 그래서 병사가 총을 쏘려면 한 손으로는 총을 잡고, 다른 손으로 포장된 화약과 총알을 잡은 채 기름종이를 이로 뜯어내야 했지. 그런데 이 기름종이에 소와 돼지의 기름이 발라져 있다는 소문이 돌았던 거야."

"그게 문제가 되나요?"

"인도 사람은 거의 다 힌두교 아니면 이슬람교 신자였어. 그런데 이 두 종교는 각각 종교적 이유로 소고기나 돼지고기를 먹지 않거든. 세포이는 영국인이 인도인을 타락시켜 크리스트교로 개종시키려고 일부러 소와 돼지의 기름을 발랐다고 생각했지."

"영국 사람들이 정말 일부러 그렇게 한 거예요?"

용선생의 세계사 돋보기

힌두교도는 전통적으로 소를 신성한 존재로 여겨서 먹지 않아. 또 이슬람교 경전인 《쿠란》에는 돼지를 먹지 말라고 적혀 있단다.

▲ 델리에서 벌어진 영국군과 세포이의 전투 빨간 옷을 입은 영국군이 세포이와 전투를 벌이고 있어.

장하다의 질문에 용선생은 어깨를 으쓱했다.

"포장지에 동물 기름이 발라져 있던 건 사실이야. 영국 동인도 회사가 인도 문화를 잘 몰랐기 때문에 저지른 실수에 가까웠지. 하지만 실수라고 해도, 세포이는 대부분 인도 문화와 종교에 자부심이 강한 브라만과 크샤트리아였으니 여간 불만이 큰 게 아니었지."

"그래도 그냥 실수였다고 하면 될 텐데……."

"더 큰 문제는 그다음이었어. 세포이는 기름종이로 싼 탄약을 쓸 수 없다고 항의했는데, 영국인 지휘관은 이 항의를 대수롭지 않게 여기고 계속 탄약을 쓰도록 명령했단다. 심지어 명령을 듣지 않는 세포이에게 모욕을 주고 감옥에 가뒀지. 그러자 세포이는 더 이상 참지 못하고 들고일어났단다. 1857년, 세포이는 델리를 정복해 무굴 제국의 황제를 모시고 영국군과 전쟁을 시작했어."

"무굴 제국이 드디어 영국군과 전쟁에 나서는 거예요?"

장하다의 눈이 번쩍 커졌다.

▲ 바하두르 샤 2세 무굴 제국의 마지막 황제야. 세포이들은 바하두르 샤를 황제로 떠받들고 무굴 제국의 부활을 선언했지.

▶ 락슈미 바이 인도 북부에 위치한 잔시 왕국의 여왕이었어. 세포이 항쟁 당시 영국군과 용맹하게 맞서 싸운 영웅이었지.

"세포이는 그냥 황제의 이름만 빌리려 한 거야. 황제는 한때 인도를 호령했던 무굴 제국의 황제라는 상징성 외에는 아무런 권력도 없었거든. 하지만 일단 세포이들이 전쟁을 시작했다는 소문이 퍼지자, 평소 영국에 대한 불만이 높았던 인도 곳곳의 영주와 하층민이 세포이와 힘을 합쳐 영국과의 전쟁에 나섰지. 세포이 항쟁은 인도 북부를 중심으로 삽시간에 들불처럼 번져 갔어."

"우아, 그럼 세포이가 영국군을 인도에서 내쫓았어요?"

곽두기가 용선생을 바라보며 눈을 빛냈지만, 용선생은 고개를 가로저었다.

"아쉽게도 세포이 항쟁은 1년 만에 세포이의 패배로 끝났어. 무굴 제국의 황제도 영국군에 체포돼서 추방당했고, 이로써 무굴 제국은 영영 멸망하고 말았지."

"그렇게 쉽게요? 영국군보다 세포이의 수가 훨씬 많았다고 하셨잖아요."

의외라는 듯 나선애가 어깨를 으쓱했다.

"세포이의 기세가 커지자, 영국은 유럽 본토와 중국에 머물던 영국군을 인도로 황급히 이동시켰단다. 그리고 세포이에 대한 인도 내부에서의 지원도 생각만큼 뜨겁진 않았어. 대부분의 영주는 중립을 지켰고, 오히려 펀자브의 시크교 세력은 영국 동인도 회사를 도와 싸우기도 했지."

"아니, 영국에 불만이 많았다면서 왜 그런 거예요?"

"여러 가지 이유가 있지. 가장 큰 문제는 세포이 항쟁이 치밀한 계획과 목적을 가지고 일어난 저항 운동이 아니었다는 거야. 봉기를 일으킨 세포이에게는 수

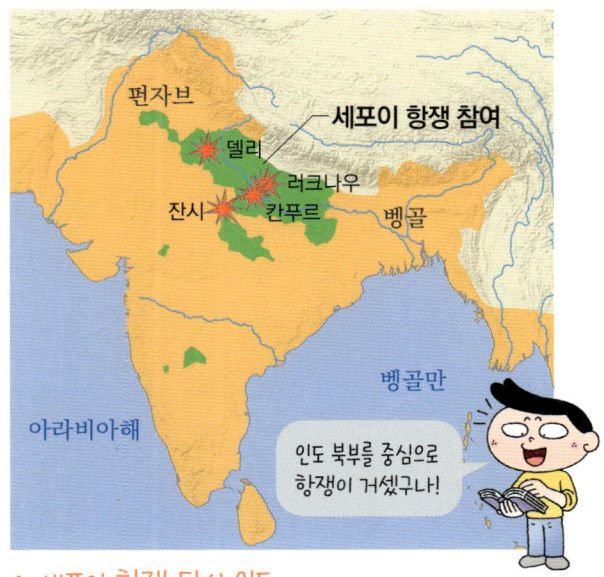

↑ 세포이 항쟁 당시 인도

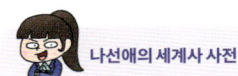

나선애의 세계사 사전
시크교 인도에서 힌두교와 이슬람교가 융합해 만들어진 종교야.

↑ 러크나우를 점령한 영국과 인도 연합군
세포이는 몇 달에 걸쳐 치열하게 싸웠지만, 영국이 지원군을 보내자 무릎을 꿇고 말았어.

세계 곳곳에서 저항이 시작되다 **027**

많은 인도인을 하나로 묶을만한 인물이나 세력도 없고, 뚜렷한 계획도 없었어. 그러다 보니 인도 내부에서도 세포이에게 협력하는 것이 아니라, 각자의 이득을 계산해 영국 편에 서거나 중립을 지킨 영주가 많았던 거란다."

"끙, 영국을 몰아내기가 쉽지 않군요."

영심이가 툴툴거리자 용선생이 미소를 지었다.

"그리고 델리를 중심으로 한 북인도 일부를 제외하면 전쟁이 일어났는지조차 모르는 인도인이 훨씬 많았어. 아직은 교통이나 통신 시설이 잘 갖춰져 있지 않았기 때문이지. 그래도 세포이 항쟁에는 정말 많은 인도인 영주와 평범한 농민들이 참가했고, 영국 또한 가슴을 쓸어내린 사건이었다는 점, 잊지 말렴."

용선생의 핵심 정리

영국의 지배로 인도는 면직물 산업이 붕괴하는 등 많은 피해를 입음. 영국이 인도인을 차별하고 종교와 문화를 무시하자 세포이 항쟁이 일어남. 세포이 항쟁은 북인도를 중심으로 퍼져 나갔으나, 약 1년 만에 실패로 끝남.

영국 정부가 인도를 직접 통치하다

▲ 영국령 인도 제국 국기
1880년부터 사용된 인도 제국 국기야.

"그럼 영국도 화들짝 놀란 건가요?"

"그랬지. 영국은 세포이 항쟁을 계기로 인도를 통치하는 방법을 바꿨어. 우선 저항 운동이 일어나게 된 원인을 철저히 따져 보고, 동인도 회사 때문이라는 결론을 내렸단다. 돈 버는 게 목적인 무역 회사가 드넓은 인도를 다스리려다 보니 이런 문제가 생겼다고 본 거야."

"그게 문제는 아닌 거 같은데……. 그래서 어떻게 바꿨는데요?"

▲ 공식적으로 합병을 선언하는 인도 총독
인도 총독이 빅토리아 여왕의 선언문을 낭독하고 있어. 이 선언을 통해 영국 정부가 인도를 직접 지배하게 됐고, 영국 국왕이 인도 제국의 황제를 겸했지.

◀ **빅토리아 여왕의 선언문**
빅토리아 여왕은 인도인 고유의 문화와 전통을 존중할 것이며, 인도인 영주의 지배권을 인정할 거라고 약속했어.

◀ **방갈로르 공원에 있는 빅토리아 여왕 동상**

◀ **인도 금화**
영국 식민 통치 시기에 사용하던 금화야. 빅토리아 여왕이 그려져 있어.

"우선 인도의 모든 영국령을 통합해 '인도 제국'을 세우고 영국 정부가 직접 다스리기로 했어. 그리고 빅토리아 여왕은 앞으로 인도 전통과 문화를 존중할 뿐 아니라, 아직 인도 각지를 지배하는 인도인 영주의 권한을 그대로 인정하고 빼앗으려 하지도 않겠다고 선언했지."

"어? 그럼 인도를 식민지로 삼지 않겠다는 건가요?"

"그건 아니야. 단지 드넓은 인도를 안정적으로 다스리려면 인도 현지 영주의 도움을 얻어야 한다는 걸 깨달은 거지. 그래서 영국은 인도인을 달래는 정책도 본격적으로 함께 펼쳤단다. 인도인에게 서양식 교육을 받고 인재로 성장할 수 있는 기회를 제공한 거야. 대도시에는 영국식 학교를 세워 브라만이나 크샤트리아 같은 인도 상위 계급에게 영국식 교육을 시켰어. 영국 본토로 유학 가는 인도인도 많아졌지. 동시에 인도의 역사와 문화에 대한 연구도 활발

▲ **프레지던시 대학** 1817년 인도 콜카타에 세워진 대학교야. 유럽인이 아시아에 건설한 교육 기관 중에서 가장 오래된 곳이래. 이 학교는 오늘날까지도 인도의 명문대로 이름을 날리고 있어.

하게 진행됐단다. 이런 변화가 이어지며 인도인의 불만은 차차 줄어들었지."

"결국 영국이 식민 지배를 손쉽게 하려고 인도인에게 잘해 줬다, 이거네요."

나선애가 진지하게 딴죽을 걸자, 용선생이 고개를 끄덕였다.

"우리나라에서 3.1 운동이 일어난 뒤 일제가 태도를 바꿔 유화 정책을 펼친 것과 비슷해. 어쨌든 영국의 교육을 통해 인도 사티와 같은 풍습, 불가촉천민을 차별하는 카스트 제도가 나쁘다는 인식을 갖게 됐어. 그래서 인도의 나쁜 풍습을 하루빨리 버리고 개혁에 나서야 한다는 개혁 운동 단체가 등장해 인도 사회의 개혁을 이끌었단다."

"다행이다! 그건 좋은 일이네요."

"이렇게 영국이 본격적으로 인도를 식민 통치하면서 인도는 많은 변화를 겪게 돼. 가장 중요한 건 인도가 최초로 통일되었다는 거지."

"이전에도 인도를 통일한 제국이 많았잖아요?"

"아니, 한 나라가 인도 아대륙 전체를 지배하는 건 인도 역사상 처음 있는 일이었어. 무굴 제국도 남인도까지 전부 지배하진 못했거든."

용선생이 인도 지도를 띄워 보이며 말을 이었다.

"이제 인도 전역에서 영어를 공용어로 사용

곽두기의 국어사전

유화 너그러울 유(宥) 화할 화(和). 상대편을 너그럽게 용서하고 사이좋게 지내는 것을 가리켜.

← 람 모한 로이
(1772년~1833년) 힌두교 개혁 운동 단체 '브라모 사마즈'를 만든 인물이야. 카스트 제도와 사티 등 힌두교의 악습을 없애자고 주장해 인도 근대화의 아버지로 불려.

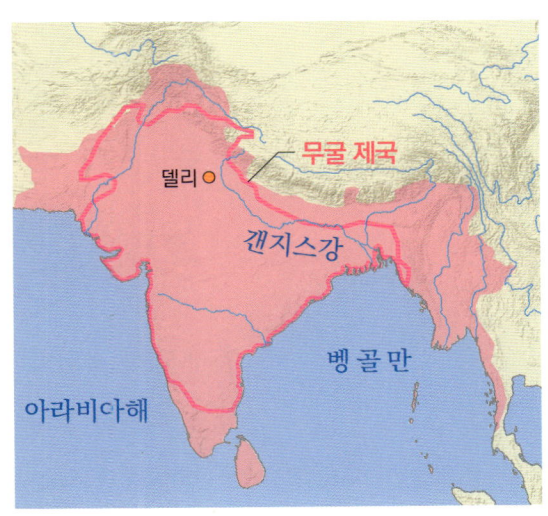
↑ 영국령 인도 제국 영토

하게 돼서 북인도와 남인도 사람들 간의 의사소통도 훨씬 자유로워졌지. 게다가 영국이 자원과 병력을 실어 나르려고 인도 곳곳에 철도를 건설했기 때문에 교통도 편리해졌어. 어떻게 보면 인도는 영국의 통치를 거치면서 비로소 '하나의 나라'의 모습을 갖추었단다. 영국은

↑ 칼카-심라 철도 영국 식민 통치 때 인도 북부에 건설된 철도. 델리에서 영국군 본부가 있던 심라까지 철도가 깔렸어.

↑ 1909년 인도의 철도 노선 현황

인도는 전국이 철도로 연결되며 하나의 나라로 통일성을 갖춰 나갔어.

단지 식민 지배를 더 쉽게 하려고 했던 건데, 인도에 엄청난 변화를 가져온 셈이지."

> **용선생의 핵심 정리**
>
> 세포이 항쟁 이후 영국 정부는 인도를 직접 지배하며 유화 정책을 펼침. 한편 인도 내부에서도 개혁 운동이 일어났고, 영국 통치로 인도 아대륙 전처가 통일되며 인도는 하나의 나라로 거듭남.

인도 국민회의가 탄생하고 스와라지 운동이 일어나다

"이렇게 인도가 하나의 나라로 통일된 뒤, 영국은 인도인 관리를 채용했고, 그 수도 늘려 나갔어. 법적으로 인도인에게 영국인과 동일

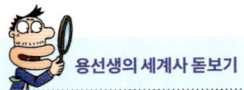

용선생의 세계사 돋보기

일단 관리를 뽑는 시험부터 머나먼 영국에서 치렀어. 게다가 시험 과목도 인도인과는 아무 상관 없는 영국 문학이나 유럽의 사상 같은 것이었지. 그리고 시험에 연령 제한을 두어서 20대 초반까지만 응시할 수 있도록 했기 때문에, 어릴 때부터 영국 교육 제도로 공부한 영국인에게 절대적으로 유리했단다.

한 권리도 인정해 주었지. 게다가 1870년대에 들어서면 인도에서 지방 자치를 허용하고 투표를 통해 지방 의회를 만들도록 했단다. 모두 인도를 안정적으로 다스리기 위한 조치였지."

"우아, 영국이 인도인을 제대로 대우해 주기 시작했나 봐요."

"겉으로만 그랬고 현실은 달랐단다. 수많은 인도인이 영국식 고등 교육을 받고 유학을 마친 뒤 변호사, 의사, 판사 같은 지식인으로 성장했어. 하지만 인도인은 제아무리 머리가 좋고 능력이 있어도 결코 높은 관직에는 오를 수 없었지."

"내 그럴 줄 알았어. 차별 대우를 계속한 거네."

장하다가 코웃음을 쳤다.

"1883년에는 이런 일도 있었단다. 영국 의회에서 새로운 법안이 제출되었는데, 만약 인도 현지에서 유럽인이 죄를 지어서 재판을 받게 되면 인도인 판사가 맡아서 판결하도록 해 주자는 내용이었지. 근데 영국인이 격렬하게 반대하는 바람에 이 법안이 통과되지 못한 거야."

↑ **인도인 하인을 부리는 영국인** 인도인들이 안락의자에 앉아 있는 영국인의 시중을 들고 있어. 많은 영국인들이 이처럼 인도인을 하인으로 부리며 동등한 권리를 주려 하지 않았지.

"왜죠? 그럼 인도에서 벌어진 일인데, 유럽 사람이라고 해서 영국인 판사를 불러요?"

영심이가 눈살을 찌푸렸지만 용선생은 단호하게 고개를 가로저었다.

"맞아. 야만스러운 인도인에게 감히 문명인인 유럽인 재판을 맡길 수가 없다는 게 이유였어."

"생각이 하나도 안 바뀌었네."

"이 일로 인도의 지식인들은 큰 충격을 받았어. 이제는 자기들도 자랑스러운 영국의 훌륭한 인재라고 생각했는데, 크게 뒤통수를 맞은 거였지. 인도의 지식인들은 인도인에 대한 차별 대우를 그만두라고 영국 정부를 강하게 비판했단다."

"그래서 영국이 그 말을 들어 줬나요?"

곽두기의 말에 용선생은 고개를 끄덕였다.

"영국은 한발 물러났어. 강하게 부딪쳐 봤자 식민 통치에 도움이 안 된다고 생각했거든. 영국 식민 정부는 인도인의 목소리에 귀를 기울이겠다며 인도의 각계각층을 대표하는 지식인으로 구성된 단체를 지원하기 시작했어. 바로 1885년에 만들어진 '인도 국민회의'란다."

"인도 국민회의는 어떤 일을 했는데요?

"초기 인도 국민회의는 영국 정부와 인도인 사이를 연결하는 역할을 했어. 인도인은 국민회의를 통해 영국 정부에 이런저런 요구 사항을 전달했지. 하지만 영국이 계속 인도인을 차별하며 일방적으로 통치하자 차츰 인도를 대표해 저항 운동을 시작했단다. 국민회의가 입

← 인도 국민회의 창단식
1885년에 뭄바이에서 열린 국민회의 창단식의 모습이야. 초기 참석자는 72명이었는데, 그중 대다수가 힌두교도였지.

세계 곳곳에서 저항이 시작되다 **035**

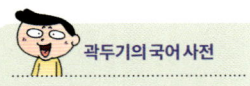

곽두기의 국어 사전

분할 나눌 분(分) 쪼갤 할(割). 나눠서 쪼갠다는 뜻이야.

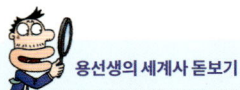

용선생의 세계사 돋보기

이 당시 벵골주는 오늘날 인도의 비하르주, 벵골주, 그리고 방글라데시를 합친 넓이였어. 영국 본토보다 넓었고 인구도 더 많았지.

장을 바꾸게 된 결정적인 계기가 1905년의 벵골 분할 사태야."

"벵골 분할이라고요? 그게 뭔데요?"

아이들의 질문에 용선생은 지도를 한 장 띄우며 설명을 이어 나갔다.

"벵골은 인도 북동부, 갠지스강 하류 지역이야. 예전에도 많이 등장했지? 벵골 분할 사태는 영국이 1905년에 이 벵골을 동서로 나누어서 다스리겠다고 선언하며 시작됐어. 행정 기관 하나로 다스리기에는 벵골이 너무나 넓다는 이유 때문이었지."

"벵골을 둘로 쪼개서 다스리는 게 왜 문제가 되는데요?"

장하다가 눈을 끔뻑거렸다.

"영국이 다른 속셈을 갖고 있었거든. 벵골은 영국의 식민 지배가 처음 시작된 곳이야. 또 영국령 인도 제국의 수도인 콜카타가 자리 잡고 있는 지역이었고. 그래서 벵골은 인도에서 영국에 대항하는 저항 운동이 가장 활발한 지역이었단다. 그런데 벵골 서쪽에는 힌두교도가, 동쪽에는 이슬람교도가 많이 살았어."

"그런데요?"

"영국의 속셈은 벵골의 힌두교도와 이슬람교도를 갈라놓아서 영국에 대항하는 저항 운동을 약화시키는 거였어. 만약 영국 정부의 계획대로 벵골을 동서로 나누면 동벵골에서는 힌두교도가 소수가 되고 이슬람교도가 더 많아져. 그럼 이슬람교도가 지방 의회를 장악하게 될 테니, 힌두교도는 벵골 분할을 반대하고 이슬람교도는 벵골 분할을 찬성할 거라

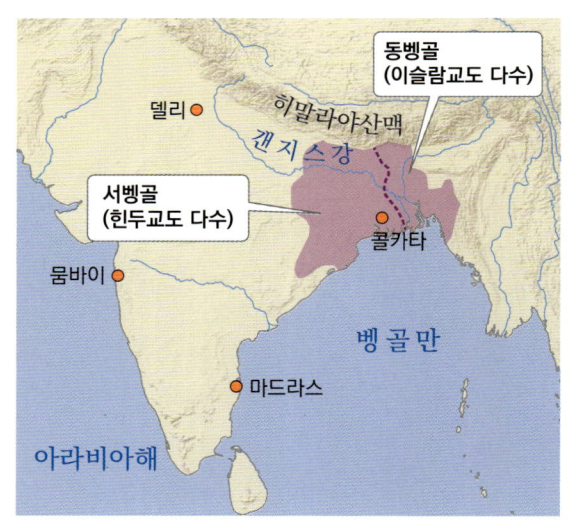

▲ 벵골 분할령

고 생각한 거지."

"영국이 머리 좀 썼네요. 그럼 그 계획대로 됐나요?"

"응. 이슬람교도는 벵골 분할에 찬성했거든. 하지만 힌두교도가 다수인 국민회의는 반대 입장을 분명히 했어. 국민회의는 한발 더 나가서 '벵골 분할령은 인도인 사이의 갈등을 부추기려는 수작이다!'라고 주장했지."

"영국 속셈을 알아챈 거군요. 그럼 이슬람교도가 국민회의의 말을 들었어요?"

"아니. 결국 벵골 문제를 두고 힌두교도와 이슬람교도 사이의 감정이 심하게 나빠졌어. 이슬람교도는 영국 정부의 도움을 받아 새로운 조직을 만들기까지 했지. 그게 바로 1906년에 만들어진 '전 인도 무슬림 연맹'이야. 영국은 점점 격해지는 두 세력 사이의 싸움을 부추기면서 콧노래를 불렀단다."

"어휴, 얄밉네요, 정말."

"국민회의에 참여하는 인도 지식인들도 그렇게 생각했어. 이때부

↑ **인도 제4대 총독 길버트 존 엘리엇머리키닌 마운드** 인도의 민족주의 운동을 막기 위해 국민회의의 온건파를 장관 같은 고위직에 임명하는 한편, 국민회의를 견제하기 위해 무슬림 연맹을 지원했지.

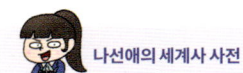

나선애의 세계사 사전

무슬림 이슬람교도를 가리키는 말이야. '절대적으로 복종하는 사람'이라는 뜻을 가지고 있어.

↑ **전 인도 무슬림 연맹** 벵골 분할 사태로 힌두교도와 갈등을 일으킨 이슬람교도가 1906년 만든 조직이야. 훗날 힌두교도가 중심이 된 인도 국민회의와 함께 인도 독립에서 중요한 역할을 했지.

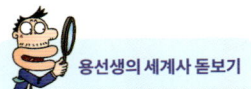

용선생의 세계사 돋보기

인도는 영국의 식민 지배가 시작된 이후에야 비로소 하나의 나라로 통일되었기 때문에, 아직 민족의식이 뚜렷이 자리 잡지 않았고 영국에 대한 반감도 생각만큼 크지 않았어. 또 영국 정부는 이미 캐나다와 오스트레일리아 등 관리하기 힘든 해외 식민지에 차례로 자치권을 부여하고 있었지.

터 국민회의 내부에서도 영국에 강경한 입장을 가진 사람들이 힘을 얻기 시작했지."

"강경한 입장이라면, 영국을 인도에서 내쫓자는 건가요?"

"아직 그 정도는 아니었어. 인도인들 스스로 인도를 다스릴 수 있는 권리, 즉 '자치권'을 영국에게서 얻어 내자는 입장이었지. 힌디어로 자치를 '스와라지'라고 하기 때문에 이걸 '스와라지 운동'이라고도 한단다. 국민회의는 스와라지 운동의 첫 단계로 국산품 애용 운동을 펼쳤어. 영국산 물건 대신 국산품을 쓰자는 운동이었지. 이건 '스와데시 운동'이라고 해."

"영국 물건 불매랑 자치권이 무슨 상관이 있죠?"

왕수재가 안경을 고쳐 쓰며 말하자 다른 아이들도 용선생의 입을 쳐다봤다.

"인도인들은 자치권을 얻으려면 우선 경제력을 길러야 한다고 여겼거든. 그러니까 영국 상품 대신 인도 국산품을 사용해서 인도의 산업을 되살려 부강해지면, 그게 자치권을 얻는 지름길이라고 생각했던 거야."

"그럼 스와데시 운동이 효과가 있었나요?"

"그럼~. 스와데시 운동의 효과는 굉장했어. 지식인부터 하층 계급 사람까지 인도 전역에서 적극적으로 참여했거든. 인도인은 학교나 직장에 갈 때 영국산 옷을 입지 않았고, 학생들은 시장에서 혹시 영국산 옷을 파는 건 아닌지 자발적으로 감시에 나섰지. 한동안 인도에 있는 영국산 면직물 가게들은 파리만 날려야 했단다. 영국 본토의 기업가와 상인들은 난리

↑ 국산품 사용을 장려하고 영국 물품 불매를 권하는 광고
인도산 물건을 쓰고, 영국산 물건을 사지 말자는 의미를 담은 유인물이야. 이 운동은 많은 인도인에게 호응을 얻었어.

가 났고, 영국 의회에 벵골 분할을 취소하라고 강력히 요구했어. 결국 1911년에 벵골 분할은 없던 이야기가 됐어."

"우아, 영국에 본때를 보여 줬네요."

"국민회의는 이 사건을 계기로 꾸준히 저항 운동을 진행해 나갔단다. 그런데 벵골 분할이 취소되는 바람에 전 인도 무슬림 연맹도 영국에 실망하기는 마찬가지였어. 이들은 이후 서아시아의 이슬람교도와 발을 맞춰 영국에 저항하는 운동을 펼쳤지. 원래 이 두 단체는 영국인들이 인도 통치를 쉽게 해 보려고 지원한 단체였지만, 결과적으로 저항 운동의 중심이 되어 버린 거야."

"영국이 스스로 저항 운동의 씨앗을 뿌린 셈이네요."

용선생의 핵심 정리

1885년에는 영국과 인도인의 소통을 위해 '인도 국민회의'가 만들어졌고, 1905년의 벵골 분할령을 계기로 영국 저항 운동을 펼침. 한편 인도의 이슬람교도는 전 인도 무슬림 연맹을 결성해 저항에 나섬.

동남아시아에 저항의 씨앗이 뿌려지다

"근데 선생님, 동남아시아도 오랫동안 유럽의 식민지였잖아요. 동남아시아 사람들은 저항 운동을 하지 않았어요?"

나선애가 몸을 뒤로 젖히며 묻자, 용선생은 뒷머리를 긁으며 대답했다.

"그게 말이지, 1800년대까지만 해도 동남아시아 사람들은 '국민'이나 '국가' 같은 개념을 가지고 있지 않았어. 그래서 딱히 강력한 저항 운동이라고 할 만한 움직임이 없었단다."

"국민이나 국가 개념이 없었다고요?"

"1800년대까지만 해도 동남아시아 대부분은 울창한 숲으로 뒤덮여 있었고, 인구도 극히 적어서 몇몇 대도시를 제외하면 거의 사람이 살지 않았거든. 나라가 있다고 해도 국

↑ **미얀마의 이라와디강** 영국은 미얀마 노동자뿐 아니라 인도 노동자까지 데려와 이라와디강 주변의 삼림을 벌목하고, 늪지대를 개간해 농지로 만들었어.

경조차 불확실했으니 당연히 누가 어느 나라 국민인지를 따질 수가 없었지. 동남아시아 사람들은 오히려 이슬람교나 불교 같은 종교를 중심으로 뭉치고 생활하는 것에 훨씬 익숙했단다. 하지만 유럽 열강의 지배가 시작되면서 동남아시아의 상황도 급격히 바뀌었어."

"어떻게요? 유럽 사람들이 나라를 세워 주기라도 했나요?"

영심이가 이해가 가지 않는다는 듯 말하자 용선생은 고개를 절레절레 저었다.

"그건 아니고, 외국인의 수가 급격히 늘어나면서 동남아시아 사회가 서서히 변화하게 된 거야."

"외국인이 늘어요? 미국처럼 유럽 사람들이 동남아시아에 마구 이민을 오기라도 했어요?"

"호호. 그렇진 않아. 유럽인들은 본국의 산업화에 필요한 원료를 구하기 위해 동남아시아의 삼림을 벌목하거나 땅을 개간해 대규모 농장을 만들었지. 또 구리나 알루미늄 같은 광물 자원을 채취하는 광산

↓ **동남아시아의 고무 농장과 고무를 채취하는 모습**
식민 지배가 시작되면서 동남아시아에는 커피, 사탕수수, 고무 등을 대량으로 키우는 대농장이 많이 생겼어.

도 많이 개발했어. 그런데 이런 일을 하려면 노동자가 많이 필요하겠지? 그래서 유럽 사람들은……."

"헉, 설마 흑인 노예를 끌고 왔나요?"

용선생이 말을 끝내기도 전에 곽두기가 놀란 듯 눈을 동그랗게 떴다.

"그건 아냐. 1800년대면 이미 노예 무역이 차츰 금지되었는걸. 게다가 가까운 곳에 인구가 넘쳐 나는 나라가 둘이나 있는데 왜 노예를 사 오겠니?"

"가까이 있는 나라 중 인구가 넘쳐 나는 나라라면……. 인도와 중국이네요."

왕수재가 지도를 힐끔 쳐다보고는 냉큼 대답했다.

인도와 중국에서 수많은 사람들이 동남아시아로 이주했어.

↑ 1900년 무렵 서양 열강의 동남아시아 지배 상황

"맞아. 특히 영국 식민지인 인도에는 영어를 어느 정도 할 줄 아는 사람도 많았지. 영국인 기업가는 인도인 노동자를 대규모로 고용해서 동남아시아의 농장과 광산에서 일을 시켰어. 그래서 영국의 식민지인 미얀마와 말레이반도를 중심으로 인도인의 이주가 활발히 이루어졌지. 또, 노동자뿐 아니라 돈 많은 인도 상인들도 동남아시아로 진출해 은행업을 하거나 광산과 농장을 운영했단다."

▲ **인도인 노동자들** 인도 북동부 지역에서 온 사람들이래. 이렇게 동남아시아로 이주한 인도인이 굉장히 많았어.

"아하, 그럼 중국 사람들도 영국인 기업가들이 고용한 건가요?"

"사실 중국인들은 이미 아주 오래전부터 동남아시아에서 활발하게 활약했어. 네덜란드 동인도 회사 직원 중에도 상당수가 중국인이었을 정도지. 그런데 1800년대 들어 청나라가 혼란에 빠진 이후로는 중국 본토에서 먹고살기가 어려워진 중국인이 더욱 많이 동남아시아로 떠나갔단다. 이런 식으로 밀려온 중국인과 인도인이 어찌나 많았는지, 말레이반도 같은 곳에서는 중국인 인구 비율이 40퍼센트에 이를 정도였어."

"그래서 인구가 많이 늘어난 거군요."

"여기에 식민 통치 동안 농지 개간이 활발하게 이뤄지면서 식량 생산이 늘어난 것도 한 이유야. 그 결과 1800년대 초반 동남아시아 인구는 2천만 명 남짓이었는데, 오늘날에는 거의 6억 명에 육박한단다. 짧은 시간에 인구가 급속히 늘어난 거지."

▲ **중국인 노동자들** 중국인 이주 노동자들의 모습이야. 이들은 동남아시아 곳곳에서 1900년대 초반까지도 힘든 육체 노동을 했어.

세계 곳곳에서 저항이 시작되다

→ **베트남 메콩강 유역의 곡창 지대**
동남아시아 지역은 1800년대부터 꾸준히 개간이 이루어진 결과 오늘날 세계에서 손꼽히는 곡창 지대로 자리 잡게 되었어.

↓ **서양식 복장을 한 인도네시아인 부부**
동남아시아에서는 유럽의 영향을 받은 사람들이 이처럼 꾸준히 늘어났어.

↑ **인도네시아의 중국인 학교 수업 모습**

"우아, 진짜 인구가 급속도로 늘어났군요."

"이렇게 많은 외국인이 동남아시아에 들어와 살게 되자, 동남아시아 사회는 이전과 달라질 수밖에 없었어. 동남아시아로 이주한 외국인들은 대부분 민족의식이 뚜렷했고 자기들끼리 똘똘 뭉치려고 했거든. 유럽인이야 말할 것도 없고, 중국인과 인도인도 자기들끼리 마을을 만들고 학교를 세워 아이들을 가르쳤지. 그러다 보니 동남아시아 사람들도 자연스레 영향을 받은 거야."

"으흠, 그러니까 외국인이 뭉치는 걸 보고 동남아시아 사람들도 뭉치기 시작했다는 거죠?"

"그래. 여기에 유럽인의 차별 대우도 한몫을 차지했지. 유럽인은 동남아시아에서도 서양식 학교를 짓고, 현지인에게 서양식 교육을 했어. 현지인을 교육시켜서 식민지를 좀 더 쉽게 다스리려는 목적으로 말이지. 그래서 현지인 중에서도 유럽 사람 못지않게 훌륭한 교육을 받은 지식인들이 많이 등장했단다. 하지만 아무리 능력이 있어도 높은 자리에는 올라갈 수가 없었지."

"아하, 그건 인도랑 똑같네요?"

정리노트를 들춰 보던 나선애가 용선생의 말을 받았다.

"하하, 그래. 인도에서 일어난 일이 동남아시아에서도 거의 비슷하게 반복됐단다. 그래서 1800년대 중엽에 들어서면 동남아시아 여러 나라에서도 조금씩 저항의 움직임이 싹트기 시작했어. 그중에서도 저항 운동이 유독 거셌던 나라가 바로 필리핀이야."

"필리핀? 왜 하필 필리핀이에요?"

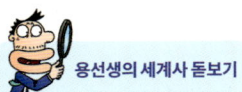

> 용선생의 세계사 돋보기
>
> 에스파냐인과 필리핀인뿐 아니라 에스파냐인과 중국인 사이의 혼혈인도 많았어. 필리핀에도 중국 사람이 상당히 많이 이주해 왔거든.

"필리핀은 다른 동남아시아 지역보다 상당히 빨리 식민 지배를 받았거든. 이미 마젤란의 항해 이후 1500년대 중반부터 에스파냐의 식민지가 되었으니까 말이야. 하지만 필리핀은 에스파냐에서 아주 머나먼 지구 반대편에 있기 때문에, 실제로 필리핀 사회를 주도해 나간 것은 필리핀 현지인이었단다. 1700년대에 접어들면 현지인 중에서도 에스파냐인과 원주민의 혼혈인, 즉 메스티소가 많은 땅을 차지하고 부유한 계급으로 성장하게 되지."

"어? 메스티소라면 라틴 아메리카에 있던 혼혈인 아니에요?"

허영심이 놀란 듯 말하자 용선생은 고개를 끄덕였다.

"그래. 필리핀도 라틴 아메리카와 마찬가지로 에스파냐의 식민지였기 때문에 같은 용어를 쓰는 거야. 필리핀의 메스티소는 유럽인처럼 높은 수준의 교육을 받았어. 1700년대부터는 유럽으로 유학을 떠나 대학에서 공부를 하기도 했지. 동남아시아의 다른 원주민들보다 월등히 빠른 시기였단다. 바로 이렇게 등장한 지식인들이 훗날 유럽 열강에 대항하는 저항 운동의 중심에 서게 된 거야."

"식민 지배가 빨리 시작된 만큼 저항도 빨랐던 거군요."

곽두기가 조심스럽게 자기 생각을 보탰다.

"응. 그런데 메소티소 역시 아무리 많은 교육을 받아도 결코 에스파냐인과 같은 대우를 받을 수는 없었어. 이 와중에 에스파냐의 황금기가 저물고 국력이 계속 약해지자, 독립을 꿈꾸는 사람이 하나둘씩 생겨났지. 그중에서도 오늘날 필리핀 독립의 아버지로 불리며 존경받는 사람이 바로 호세 리살이야."

"어떤 사람인데요?"

"호세 리살은 부유한 메스티소 집안 출신의 소설가야. 필리핀에서는 남부러울 것 없는 집안 출신이었지만, 어린 시절부터 에스파냐인의 갖은 횡포를 겪으며 울분을 키워 왔다고 해. 호세 리살은 의사가 되려고 에스파냐로 유학을 갔단다. 유학 시절 중에 에스파냐의 식민지 지배를 강하게 비판한 시와 소설을 썼지. 필리핀 사람들의 처우 개선과 자치를 강력하게 주장하는 글도 썼단다. 호세 리살의 명성이 점점 커지자 에스파냐 정부는 호세 리살을 필리핀으로 추방해 버렸어."

"골치 아픈 일이 생기기 전에 쫓아내 버린 거군요."

"호세 리살은 필리핀으로 돌아온 뒤 '필리핀 민족 동맹'이란 단체를 만들며 더욱 활발하게 저항 운동을 펼쳤어. 에스파냐 정부의 탄압에도 불구하고 호세 리살은 철저히 평화적인 방법으로 저항해 나갔고, 점점 더 많은 사람이 호세

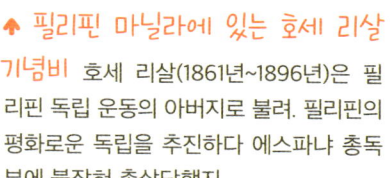

▲ **필리핀 마닐라에 있는 호세 리살 기념비** 호세 리살(1861년~1896년)은 필리핀 독립 운동의 아버지로 불려. 필리핀의 평화로운 독립을 추진하다 에스파냐 총독부에 붙잡혀 총살당했지.

◀ **마닐라의 인트라무로스**
에스파냐어로 '벽 안'이란 뜻을 가진 곳이야. 식민지배 시기 마닐라의 중심지였어. 육중한 벽으로 둘러싸인 요새로, 내부에는 대성당과 학교 등 마닐라의 핵심 시설들이 지어졌지.

세계 곳곳에서 저항이 시작되다

▲ 에밀리오 아기날도
(1869년~1964년)
1898년 필리핀 독립을 선언하고 첫 번째 대통령으로 취임했지만, 미국이 쫓아냈어.

리살을 뒤따라 나섰지. 결국 에스파냐는 호세 리살을 체포한 뒤 반역죄로 총살해 버렸단다."

"저런…… 하지만 그게 끝은 아니겠죠?"

장하다가 주먹을 불끈 쥐며 말했다.

"응. 호세 리살의 처형을 계기로 필리핀의 저항 운동에는 오히려 불이 붙었단다. 그리고 때마침 절호의 기회가 찾아왔어. 에스파냐가 미국과의 전쟁에서 패배하는 바람에 필리핀을 포기하게 된 거야."

"어? 그러고 보니 예전에 미국이 에스파냐를 몰아내고 필리핀을 차지했다고 하셨는데?"

나선애가 재빠르게 정리노트를 뒤적였다.

"그래. 에스파냐가 미국과의 전쟁에서 패배하자, 필리핀 사람들은 재빨리 정부를 세우고 독립을 선언했어. 하지만 미국은 필리핀의 독립을 인정하지 않고 곧장 군대를 보내서 전쟁을 벌였지. 막강한 화력

➡ 필리핀 – 미국 전쟁
필리핀군이 미군에 맞서 치열하게 싸우고 있어. 메스티소를 중심으로 필리핀 원주민들도 힘을 합쳐 싸웠지만 미국에 맞서기엔 역부족이었단다.

을 앞세운 미군 앞에 필리핀 사람들은 속수무책으로 쓰러졌어. 3년 동안 60만 명 넘는 사람이 목숨을 잃은 끝에, 결국 필리핀은 다시 미국의 식민 지배를 받게 된단다."

"어휴, 엄청난 비극이었네요."

"비록 실패로 끝나긴 했지만, 필리핀의 저항은 강한 인상을 남겼어. 그래서 미국도 필리핀을 강압적으로 지배하지 못했단다. 필리핀 독립 운동 지도자들은 미국과의 협상을 꾸준히 진행한 끝에, 필리핀의 자치권을 단계적으로 넓혀 나가서 결국엔 독립시키는 계획까지 마련할 수 있었지."

"우아, 그럼 결국엔 성공한 거네요."

"맞아. 꾸준한 저항 운동이 결국엔 빛을 봤다고 할 수 있을 거야. 필리핀의 독립 운동은 다른 동남아시아 사람들에게 좋은 본보기가 되었단다. 여기에 러일 전쟁에서 일본이 승리한 것도 큰 자극이 됐

어."

"아, 지난 시간에 아시아 사람들이 러일 전쟁에서 일본이 승리한 걸 보고 희망을 얻었다고 하셨죠?"

"응. 일본처럼 열심히 서양 문물을 받아들이고 교육에 힘쓴다면, 언젠가 열강을 몰아내고 독립을 이룰 수 있을 거라고 여겼지. 그래서 동남아시아 전역에서 교육 열풍이 불었어. 또 열강의 식민 지배에 저항하면서 자치권을 얻어 내려는 움직임도 조금씩 시작되었지. 이로써 동남아시아에도 본격적인 저항의 씨앗이 뿌려진 거야."

용선생의 핵심 정리

동남아시아에는 중국인과 인도인 이주가 늘어나며 인구가 크게 증가함. 여기에 유럽인의 차별 대우가 더해지며 민족의식이 자리 잡기 시작함. 필리핀의 독립 운동과 러일 전쟁의 결과에 자극받은 동남아시아 지식인들은 열강을 몰아내고 자치권을 얻어 내려는 저항 운동을 시작함.

아프리카 곳곳에서 저항 운동이 벌어지다

"선생님, 그럼 아프리카에서는 저항 운동이 없었나요?"

"왜 없었겠니. 1800년대 들어 아프리카 곳곳에서도 저항의 움직임이 거세게 일어났어. 첫 테이프는 프랑스 식민지였던 알제리가 끊었어."

"알제리가 어디죠?"

"알제리는 원래 북아프리카 해적의 본거지로 악명을 떨쳤던 곳이

◀ **알제** 지중해 무역 중심지이자, 알제리 최대 항구 도시야. 오늘날 알제리의 수도이기도 하지.

알제의 '카스바'를 통해 보는 알제리의 역사

란다. 한때 오스만 제국의 해군 대장으로 명성을 떨쳤던 바르바로사 하이레딘도 알제리 출신 해적이었지. 오스만 제국의 세력이 약화되면서 1600년대부터 알제리는 사실상 독립해 자치를 누렸어. 알제리는 상업이 발달한 나라라 나폴레옹 전쟁 때에는 프랑스에 돈도 빌려줄 정도로 아프리카에서는 꽤 부강한 편이었지."

"그런 곳이 어떻게 프랑스 식민지가 된 거죠?"

"아프리카에 식민지를 개척하려던 프랑스가 1830년에 알제리를 강제로 점령했지. 명분은 북아프리카의 해적을 소탕하겠다는 거였지만, 부유한 알제리를 다른 유럽 열강보다 먼저 삼키는 것이 목적이었어."

"그래도 무시무시한 해적의 후예

> **용선생의 세계사 돋보기**
> 프랑스는 영국과의 전쟁 끝에 북아메리카의 식민지를 빼앗겼고, 나폴레옹이 루이지애나를 미국에 판 이후로는 대부분의 해외 식민지를 잃었어. 그러다가 1830년 알제리 공격을 시작으로 다시 식민지 개척을 시작했지.

◀ **프랑스의 굴욕** 1827년 알제리의 통치자가 빚 독촉을 하며 프랑스 영사를 파리채로 때리는 모습이야. 프랑스가 알제리를 침략하는 계기가 됐어.

세계 곳곳에서 저항이 시작되다 **051**

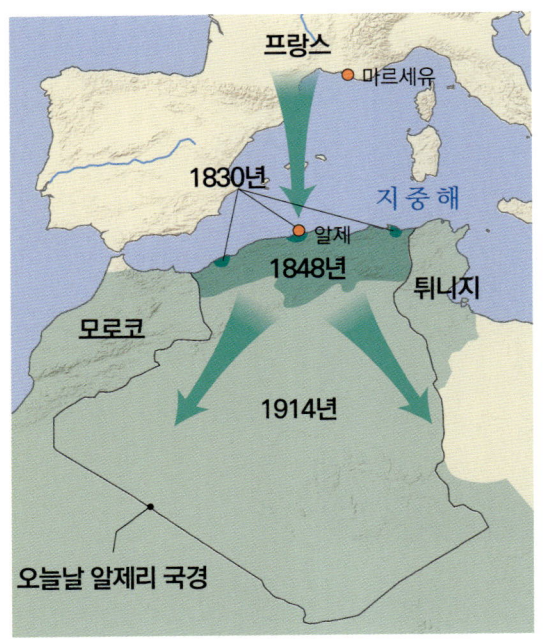

▲ 프랑스의 북아프리카 정복 과정

인데…… 알제리 사람들도 가만있지는 않았겠죠?"

장하다는 은근히 박진감 있는 이야기를 기대하는 눈빛이었다.

"물론이지. 알제리 사람들은 이슬람 종교 지도자인 압델 카디르의 지휘 아래 프랑스의 침략에 맞서 싸웠어. 이들은 프랑스군에 비해 수도 적고 무기도 부족했지만, 정신없이 치고 빠지는 게릴라전으로 프랑스에 저항했지. 프랑스는 거의 10만 명이나 되는 군대를 알제리로 보내서 전쟁을 벌인 끝에 1847년에야 항복을 받아 낼 수 있었단다. 이후 프랑스는 알제리를 북아프리카 식민지의 기반으로 삼았어. 프랑스는 다른 식민지는 모두 포기할지라도 알제리만큼은 마지막까지 놓치지 않으려고 했지."

▶ 시디 브라힘 전투 1845년, 압델 카디르가 이끄는 알제리군과 프랑스군이 맞붙은 전투야. 이 전투에서 알제리는 프랑스를 크게 무찔렀어.

▶ 압델 카디르
(1808년~1883년) 알제리의 종교 지도자로 프랑스 침입에 맞서 싸웠어.

"알제리가 왜 그렇게 중요한데요?"

"일단 프랑스와 가까워. 프랑스에서 지중해를 건너면 곧바로 알제리거든. 자연환경도 프랑스 남부와 비슷했지. 그래서 프랑스는 알제리를 프랑스의 일부처럼 여겼어. 프랑스 정부는 프랑스인에게 싼값에 땅을 나누어 주며 이주하도록 했고, 알제리의 도시도 프랑스식으로 꾸몄지. 알제리인에게도 프랑스 문화와 언어를 강요하고 사사건건 이슬람교도를 차별하는 정책을 펼쳤어."

↑ **1890년대 알제 풍경** 프랑스가 식민 통치를 시작한 뒤로 알제는 프랑스식 건축물이 즐비한 도시가 되었어. 프랑스인이 많이 건너와서 살았대.

"너무하네요, 정말!"

"알제리 사람들은 프랑스의 태도에 분노했어. 알제리인의 저항은 40년 넘게 끊이지 않았고, 프랑스는 1870년대에야 겨우 알제리를 제대로 장악할 수 있었단다."

"40년 넘게요? 이야, 엄청 끈질기게 저항했군요."

왕수재가 혀를 내둘렀다.

"이렇게 유럽 열강의 아프리카 침략이 거세지면서 아프리카 곳곳에서 저항 운동이 일어났어. 하지만 대부분은 부족 단위의 소규모 저항이었기 때문에 오히려 유럽인에게 참혹하게 학살당하는 일이 잦았지. 오늘날의 나미비아에서도 끔찍한 학살이 있었단다."

"나미비아요? 그게 어딘데요?"

"나미비아는 남서아프리카에 위치한 나라야.

> **왕수재의 지리 사전**
>
> **나미비아** 아프리카 대륙 서남부에 위치한 나라로 남아프리카 공화국과 국경을 접하고 있어. 1915년부터는 '남서아프리카'로 불리며 1990년까지 남아프리카 공화국의 지배를 받았지.

← **나미비아의 원주민인 헤레로인** 헤레로인은 오늘날 나미비아에 사는 아프리카 부족 중 하나야. 독일의 가혹한 식민지 정책에 맞섰다가 부족이 절반 넘게 몰살되는 참혹한 결말을 맞았지.

▲ 독일의 남서아프리카 식민지 원주민 학살을 비판한 만평

허영심의 상식 사전

사이잘삼 여러해살이풀로 잎에서 섬유를 뽑아 로프 등을 짜는 데 사용해.

이곳은 1884년의 베를린 회의 이후로 독일의 식민지였어. 독일은 원주민을 노예로 여기고, 원주민의 땅과 재산을 닥치는 대로 빼앗았지."

"완전 마른하늘에 날벼락을 맞은 거네요."

"1904년 원주민은 일제히 저항을 시작했어. 하지만 독일군에게 7만 5천 명 이상이 학살당하고 사막으로 내쫓기고 말았단다. 인구의 절반 이상이 목숨을 잃은 거야. 겨우 살아남은 원주민도 독일인 감독관의 철저한 감시 속에 강제 노동을 하며 살아야 했어."

"으, 너무 잔인해요."

허영심이 몸을 부르르 떨었다.

"아프리카 동부에 있는 독일 식민지에서도 대규모 저항 운동이 일어났단다. 독일이 사이잘삼, 고무, 목화 같은 상품 작물을 대량으로 재배하려고 원주민이 살던 울창한 숲을 모조리 베어 버렸거든. 게다

➔ 벌목하는 독일인
동아프리카 식민지에서는 농장을 운영하기 위해 서울 면적의 두 배가 넘는 삼림이 파괴됐어.

가 원주민을 강제로 동원해 부려 먹고 세금을 걷는가 하면, 아프리카 전통을 깡그리 무시하고 크리스트교를 강요했지. 1905년, 참다못한 원주민들은 곳곳에서 저항 운동을 시작했단다. 여기에 원주민 주술사들이 지도자로 나서면서 저항은 10여 개가 넘는 부족들 사이로 들불처럼 번져 나갔어."

"주술사가 무슨 일을 했는데요?"

"원주민 주술사들은 병사의 몸에 붉은 피마자유와 옥수숫가루를 물에 섞은 액체를 바르도록 했어. 그리고 이 액체가 독일인의 총과 대포를 막아 줄 거라고 이야기했지. 이 액체를 '마지'라고 불렀기 때문에 이 저항

↑ 아프리카의 독일 식민지

독일은 오늘날의 나미비아와 탄자니아 일대를 지배했어. 당시 독일 제국보다 훨씬 넓은 땅이었지.

↑ 마지마지 전사들(왼쪽)과 '전쟁 약'이라고 불린 피마자(오른쪽) 붉은 피마자유와 옥수숫가루를 물에 섞어 만든 액체를 '마지'라고 불렀어. 원주민 병사들은 주술사가 만든 마지가 자신을 지켜 줄 것이라고 믿으며 싸웠어.

세계 곳곳에서 저항이 시작되다 **055**

▲ 샤카 줄루
(1787년~1828년) 샤카는 줄루인을 통합해 줄루 왕국을 건설한 인물이야. 활발한 정복 정책 덕분에 '아프리카의 나폴레옹'이란 별명이 붙었지.

운동을 '마지마지 운동'이라고 부른단다."

"물을 몸에 바른다고 총알을 어떻게 막아요?"

"물론 우리가 볼 때에는 어처구니없는 믿음이지만, 원주민에게는 주술사들의 이런 처방이 큰 희망을 주었어. 그래서 서로 힘을 합쳤던 거지. 독일은 꼬박 2년 가까운 시간 동안 원주민의 저항을 진압했단다. 이 과정에서 원주민 마을을 닥치는 대로 파괴하고 불을 질러서, 거의 7만 명 가까운 원주민이 목숨을 잃었지."

"와, 독일도 꽤나 힘들게 진압한 거군요."

나선애가 고개를 끄덕였다.

"이렇게 저항이 계속되는 와중에 유럽인이 크게 혼쭐이 난 적이 있어. 남아프리카에서 식민지를 넓혀 나가던 영국군이 아프리카 원주민 군대에 크게 패배하는 사건이 있었거든."

"정말요?"

"응. 영국군을 무찌른 사람들은 줄루인이었어. 줄루인은 원래 남아프리카 일대에서 소규모로 농사를 짓거나 목축을 하며 살아가는 원주민이었어. 그리고 1800년대에는 강력한 군대를 갖춘 왕국을 건설했단다. 이들은 아프리카 내륙으로 세력을 뻗어 오는 유럽인과 격렬하게 맞서 싸우며 여러 차례 승리했어. 그러다가 1879년에 영국군과 정면 승부를 벌여 대승을 거둔 거지."

▼ 이산들와나 전투

"영국군이 훨씬 강력했을 텐데 무슨 수로 이겼어요?"

왕수재가 팔짱을 끼며 말했다.

◀ 이산들와나 전투

1879년 이산들와나 평원에서 줄루 왕국군에 포위당한 영국군의 모습이야. 영국군은 활과 창, 나무 방패로 무장한 줄루인 부대를 야만인이라며 얕보았다가 기습을 당해 패배했지.

"바로 그런 자만심이 영국의 약점이었지. 영국군은 활과 창으로 무장한 줄루인을 야만족이라며 얕봤어. 정찰도 제대로 하지 않았고, 줄루 왕국군보다 수도 훨씬 적으면서 부대를 여럿으로 쪼개기까지 했단다. 결국 남아프리카의 이산들와나 평원에서 영국군은 줄루 왕국의 대군에 포위당했고, 병력 대부분을 잃고 말았지."

"그래도 영국을 이기다니, 대단하네요!"

"하지만 승리의 기쁨은 오래가지 못했어. 정신이 번쩍 든 영국이 훨씬 많은 군대를 파견했거든. 줄루 왕국은 6개월 동안 격렬하게 저항했지만 결국 패배했지. 영국은 줄루 왕국의 수도를 불태우고 나라를 열세 조각으로 나누어서 줄루인이 다시는 뭉치지 못하도록 했단다."

"에이, 결국 또 진 거잖아요."

영심이가 시무룩한 표정을 지었다.

"하지만 전쟁은 이걸로 끝난 게 아니었단다. 줄루 왕국과의 전쟁

 곽두기의 국어사전

정찰 염탐할 정(偵), 살필 찰(察). 작전에 필요한 자료를 얻기 위해 적의 정세나 지형을 살피는 일을 가리켜.

남아프리카 식민화에 앞장선 세실 로즈

↑ **세실 로즈**
(1853년~1902년) 영국의 기업가이자 정치인. 남아프리카 식민화에 앞장선 제국주의자로 악명을 떨치고 있어.

줄루 왕국의 저항이 막바지에 다다랐을 무렵, 영국의 세실 로즈라는 기업가가 남아프리카에서 광산 개발에 뛰어들었어. 남아프리카에서 금과 다이아몬드가 잇따라 발견되면서 세계인의 이목이 집중되었거든. 세실 로즈는 광산 개발로 막대한 이득을 보았고, 그 돈을 바탕으로 정치를 시작해 영국령 케이프 식민지의 총독이 되기에 이른단다.

세실 로즈는 1889년에 영국 정부의 지원을 얻어서 '영국 남아프리카 회사'를 세웠어. 이 회사는 예전의 동인도 회사와 마찬가지로 군대를 거느리고 세금도 거둘 권리를 가지고 있었지. 세실 로즈는 사업을 확장한다는 명목으로 아프리카 각지에 군대를 보냈고, 그 결과 영국 본토의 4배가 넘는 땅을 식민지로 삼았지. 이 식민지에는 세실 로즈의 이름을 따서 '로디지아'라는 이름이 붙었어. 이 중 오늘날의 잠비아에 해당하는 북부는 북로디지아, 남부는 남로디지아라고 불렀어.

세실 로즈가 보낸 원정군은 아프리카 원주민의 반발을 무자비하게 진압하며 수만 명에 이르는 원주민을 죽였어. 심지어 기관총을 난사해서 한 번에 2,000명이 넘는 원주민을 집단 학살한 적도 있지. 세실 로즈는 오늘날까지도 남아프리카 식민화에 앞장선 대표적인 침략자로 악명을 떨치고 있단다.

↑ **아프리카에 서 있는 세실 로즈**
아프리카를 모조리 점령하려는 세실 로즈의 야망을 풍자한 그림이야.

↑ **로디지아**

이 끝나고 10여 년이 흐른 뒤, 영국은 남아프리카에서 또다시 큰 전쟁을 치르게 돼. 이번에는 영국도 거의 50만 명이 넘는 군대를 동원하고 막대한 돈과 자원을 쏟아부을 정도로 희생이 컸지."

"이번엔 누가 영국인에 맞서 싸웠는데요?"

"보어인이었어. 그런데 보어인은 흑인이 아니라 유럽인과 같은 백인이었단다."

"엥? 그럼 아프리카 남쪽에도 백인이 살았어요?"

아이들이 어리둥절한 표정을 지었다.

"아프리카 대륙의 남쪽 끝에 정착한 백인들이 있었어. 이곳은 유럽에서 아프리카를 돌아 아시아로 가는 뱃길이 지나는 지역인 데다가

▲ 보어인 1886년에 찍은 사진이야. 이들은 백인이지만 아프리카에서 태어나고 자랐기 때문에 유럽인과는 많은 차이가 있었지.

▼ 케이프타운 아프리카의 남쪽 끝 희망봉 근처에 세워진 유럽인의 정착지야. 네덜란드인이 최초로 정착했고, 이후 영국이 차지했지. 오늘날 남아프리카 공화국의 주요 도시이기도 해.

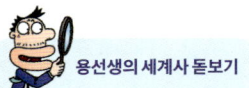

용선생의 세계사 돋보기

네덜란드 사람들 이외에 종교의 자유를 찾아온 다른 나라의 신교도들도 많았어.

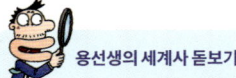

용선생의 세계사 돋보기

'보어'는 네덜란드어로 농부라는 뜻이야. 보어인은 남아프리카에서 농사를 지으며 정착한 유럽인을 가리키는 말이었지.

유럽과 기후가 비슷하거든. 그래서 네덜란드가 아시아 무역을 통해 한창 전성기를 누리던 때에 네덜란드의 식민지가 건설됐고, 네덜란드 사람들을 중심으로 유럽인 이민자들이 찾아와 정착한 거야."

"에이, 그럼 아프리카 사람이 아니잖아요."

"그래. 아프리카 원주민이 보기엔 침략자에 불과했지. 하지만 보어인이 아프리카에 정착한 게 1600년대 중반의 일이니까, 제국주의 국가의 침략이 본격화되는 1800년대에 이르면 이미 200년이 넘는 시간이 훌쩍 지난 뒤야. 게다가 보어인은 주로 농사를 지으며 아프리카에 정착해 살았어. 그러니까 겉보기에는 백인이지만 사용하는 말도 달랐고, 자신의 고향이 아프리카라고 생각했어."

"근데 영국인과 보어인이 왜 싸웠어요?"

"나폴레옹 전쟁 이후 영국이 네덜란드를 몰아내고 남아프리카 식민지를 차지하면서 충돌이 시작됐지. 문제가 된 건 노예 제도였어. 보어인은 노예를 부려서 농장을 경영했는데, 영국이 노예 무역을 금지하면서 충돌하게 된 거야. 결국 보어인은 식민지를 떠나 아직 영국의 손길이 닿지 않은 북동쪽으로 올라와 새롭게 나라를 세웠지. 이 과정에서 보어인은 아프리카 원주민과 전쟁을 벌여 땅을 빼앗기도 했어."

"원주민에게는 이래저래 피해를 끼친 거네요."

영심이가 팔짱을 끼며 한숨을 내쉬었다.

"그런데 보어인이 새롭게 정착한 곳에서 뜻

↑ 보어인의 이동

↑ 킴벌리 도시 모습과 다이아몬드 광산의 채굴 모습(상상화)
1870년대 킴벌리에서 엄청난 양의 다이아몬드가 발견되면서 도시가 형성되었어.
킴벌리는 지금도 여전히 다이아몬드 채굴의 중심지란다.

↑ 다이아몬드 원석

밖에도 대규모 금광과 다이아몬드 광산이 발견됐어. 그야말로 노다지가 터진 거지. 당연히 영국이 눈독을 들였고, 결국 영국의 침략을 막으려는 보어인과 영국 사이에 전쟁이 벌어졌단다."

"영국은 세계에서 가장 땅이 넓은 나라라면서 또 땅이 필요해요? 그깟 금이랑 다이아몬드가 뭐라고."

"그리고 어차피 원주민 땅인데 백인끼리 싸움을 벌인 거잖아요? 어휴."

나선애와 왕수재가 입을 비죽 내밀며 말하자 용선생은 고개를 끄덕였다.

"어쨌든 영국군의 침입에 맞서 보어인은 생각보다 끈질기게 버텼어. 두 나라의 군사력 차이가 워낙 컸기 때문에 정말 뜻밖의 일이었지. 영국은 전쟁을 빨리 끝내기 위해 보어인의 마을을 모조리 불태우고, 수용소를 세워서 보어인을 닥치는 대로 가두었지. 이 과정에서 수만 명이나 되는 보어인이 처참하게 목숨을 잃었단다. 수용소에

곽두기의 국어사전

수용소 거둘 수(收) 받아들일 용(容), 곳 소(所). 많은 사람을 집단적으로 한곳에 가두거나 모아 놓는 곳을 말해.

세계 곳곳에서 저항이 시작되다 **061**

➜ **보어인 강제 수용소**
영국은 보어인을 강제 수용소에 수용하고 가혹하게 대우했어. 수만 명에 이르는 민간인이 굶어 죽을 정도였지. 이 사건으로 전 세계에서 비난이 쏟아졌단다.

서 목숨을 잃은 보어인은 주로 민간인이었고, 어린아이도 포함되어 있었지. 이렇게 무자비하게 진압한 탓에 보어인은 더 버티지 못하고 3년 만에 항복했단다. 이 전쟁을 남아프리카 전쟁이라고 해."

"영국은 같은 백인한테도 엄청 잔인했군요."

"그런데 이 전쟁으로 아프리카 원주민도 많은 손해를 봤단다. 영국인과 보어인이 엎치락뒤치락 세력 다툼을 벌이는 사이 원주민은 많은 땅을 잃은 채 변방으로 쫓겨나거나 온갖 차별 대우를 받으면서 식민지인으로 살아가게 되었거든. 정작 아프리카에서 가장 수가 많은 건 아프리카 원주민인데, 엉뚱한 유럽인이 아프리카의 주인 노릇을 하게 된 거지. 그리고 영국도 전쟁에 이기긴 했지만 체면이 많이 깎였어."

"영국이 왜요?"

"일단 세계 최고를 자부하던 영국군이 3년 동안 쩔쩔맨 것만 해도 큰 망신이었지. 게다가 너무나 무자비하게 사람을 죽인 탓에 세계에서 비난이 쏟아졌어. 결국 남아프리카 전쟁이 끝난 1902년 이후 영국의 전성기는 서서히 저물어 간단다. 그리고 지금껏 영국을 맹추격해

> **용선생의 세계사 돋보기**
>
> 영국은 크리스트교를 믿는 같은 백인을 가혹하게 죽였다는 이유로 큰 비난을 받았어. 하지만 아프리카의 흑인 대량 학살은 흔한 일이었지. 결국 이런 비난 속에도 인종차별적인 면이 있었던 거야.

세계 곳곳에서 저항이 시작되다 **063**

온 나라들이 본격적으로 존재감을 드러내기 시작했지."

"그게 어느 나라인데요? 프랑스 말씀하시는 건가요?"

"호호. 그건 다음 시간에 자세하게 알아보자꾸나. 오늘은 여기까지 하자. 고생 많았어!"

용선생의 핵심 정리

아프리카에서도 알제리와 탄자니아, 나미비아 등 곳곳에서 원주민의 저항 운동이 이어짐. 남아프리카의 줄루 왕국은 영국군을 크게 무찌르기도 했으며, 보어인은 영국과의 전쟁에서 끈질기게 버티며 영국을 쩔쩔매게 만들었음.

나선애의 정리노트

1. 영국의 횡포에 대항한 세포이 항쟁
- 영국 동인도 회사가 인도인을 차별하고 인도의 종교와 문화를 무시하자 세포이 항쟁이 일어남.
  - → 인도에서 식민 지배에 저항한 최초의 대규모 운동!
- 세포이 항쟁 후 영국 정부는 인도 전역을 직접 통치하며 유화 정책을 펼침.
  - → 영어가 공용어가 되고 곳곳에 철도가 건설돼 인도 전역의 소통이 원활해짐.
  - → 영국의 식민 지배로 인도 아대륙 전체가 최초로 통일됨.

2. 인도 국민회의의 탄생과 스와라지 운동
- 영국은 인도인과의 원활한 소통을 위해 인도 국민회의를 지원함.
- 벵골 분할령으로 힌두교도와 이슬람교도의 갈등이 시작됨.
  - → 영국은 전 인도 무슬림 연맹 결성을 도우며 양쪽을 이간질함.
  - → 국민회의가 벌인 스와라지 운동과 스와데시 운동으로 벵골 분할령이 취소됨.

3. 동남아시아에서 벌어진 식민 지배 저항 운동
- 중국인과 인도인이 늘고, 유럽인의 차별이 계속되자 민족의식이 싹틈.
- 호세 리살을 중심으로 한 필리핀의 독립 운동과 러일 전쟁의 결과
  - → 열강을 몰아내고 자치권을 얻어내기 위한 본격적인 저항 운동이 동남아시아에서 시작됨.

4. 아프리카에서 벌어진 식민 지배 저항 운동
- 아프리카 곳곳에서 유럽인에 대항하는 저항 운동이 일어남.
  - → 알제리에서 압델 카디르의 저항, 남서아프리카에서 마지마지 운동
  - → 남아프리카의 줄루 왕국은 영국을 크게 무찌름(이산들와나 전투).
- 남아프리카 전쟁: 영국계 유럽인과 네덜란드계 보어인 사이의 영토 다툼
  - → 영국은 보어인을 학살하며 세계인의 비난을 삼.

세계사 퀴즈 달인을 찾아라!

1 세포이 항쟁에 대한 설명으로 옳은 것은? ( )

<세포이 항쟁 당시 인도>

① 인도 남부를 중심으로 일어난 항쟁이다.
② 펀자브의 시크교도는 세포이 항쟁을 지원했다.
③ 세포이 항쟁은 북인도의 델리를 중심으로 시작되었다.
④ 세포이는 영국에게서 급료를 제대로 받지 못해 항쟁을 시작했다.

2 다음 설명이 나타내는 단체의 이름으로 옳은 것은? ( )

○ 초기에는 영국과 인도인의 소통을 위해 만들어짐.
○ 스와라지 운동의 첫 단계로 국산품 애용 운동을 주도함.

① 세포이
② 인도 국민회의
③ 필리핀 민족 동맹
④ 전 인도 무슬림 연맹

3 인도의 식민 지배 저항 운동에 대한 설명으로 알맞은 것에 ○표, 알맞지 <u>않은</u> 것에 X표 해 보자.

○ 세포이 항쟁의 결과 영국 정부는 인도를 직접 지배하며 유화 정책을 펼쳤다. ( )

○ 인도 국민회의는 1905년 벵골 분할 사태를 계기로 저항 운동을 시작했다. ( )

○ 스와라지, 스와데시 운동에도 불구하고 영국은 끝까지 벵골 분할령을 유지했다. ( )

4 빈칸에 공통으로 들어갈 인물의 이름을 써 보자.

○○ ○○은 필리핀의 독립 운동가이다. 부유한 메스티소 집안 출신 소설가로, 에스파냐 식민 지배를 강하게 비판하는 글을 썼다. ○○ ○○은 평화적인 방법으로 저항 운동을 벌였지만 점점 더 많은 사람이 그의 편에 서자, 반역죄로 총살당했다.

( )

6 빈칸에 들어갈 나라 이름을 순서대로 써 보자.

- Ⓐ : 알제리를 식민지로 만든 국가. 알제리인에게 자신들의 문화와 언어를 강요하고 이슬람교도를 차별했다.
- Ⓑ : 1884년 베를린 회의 이후 나미비아를 식민지로 삼은 국가. 수많은 나미비아 원주민을 학살했다.
- Ⓒ : 남아프리카의 줄루 왕국에게 크게 패배한 국가.

(Ⓐ   , Ⓑ   , Ⓒ   )

5 다음 중 서로 관련 있는 것들을 바르게 연결해 보자.

① 마지마지 운동 •   • ㉠ 독일의 식민 지배

② 남아프리카 전쟁 •   • ㉡ 줄루 왕국의 승리

③ 이산들와나 전투 •   • ㉢ 영국의 보어인 학살

정답은 223쪽에서 확인하세요!

067

| 용선생 세계사 카페 🔍 |

동남아시아에 뿌리를 내린 화교의 세계

화교는 중국이나 타이완 국적을 가지고 다른 나라에 정착해 살아가는 사람을 가리키는 말이야. 한마디로 중국 출신 이민자를 가리키는 말이지. 오늘날엔 미국과 동남아시아를 중심으로 전 세계에 약 5천만 명이상 되는 화교가 퍼져 있다고 해. 그야말로 전 세계 어디를 가나 화교를 만날 수 있는 셈이야. 그중에서도 특히 동남아시아의 화교들은 오늘날 동남아시아 경제를 움직이는 큰손으로 활발히 활동하고 있지.

금의환향을 위해 밖으로 나간 중국 사람들

아편 전쟁을 비롯한 여러 사건으로 혼란하던 청나라 말, 많은 중국 사람들이 해외로 나갔어. 해외에서 일자리를 구해 가난에서 벗어난 뒤에, 그곳에서 자리를 잡아 많은 돈을 벌어 중국으로 다시 돌아오는 것, 즉 금의환향이 이들의 꿈이었지. 이때 해외로 나간 중국인은 대부분 바다에 인접한 광둥성과 푸젠성 출신이었단다. 특히 미국과 동남아시아로 활발히 진출했지. 미국은 전 세계에서 이민자를 받아들이는 '기회의 땅'이었고, 동남아시아는 중국과 가까울 뿐 아니라 이미 오래전부터 중국인이 건너가 활발하게 활동했기 때문에 다른 지역보다 자리를 잡기가 쉽다는 장점이 있었거든.

대농장에서의 고된 노동

동남아시아로 건너간 화교들은 대개 사탕수수, 커피, 고무 등 다양한 상품 작물을 재배하는 대농장이나 광산의 일꾼으로 일자리를 얻었어. 동남아시아가 열강의 식민지가 되면서 대농장과 광산이 많이 건설됐거든. 광산과 농장에서 일하는 화교들은 하루 종일 고된 노동에 시달

렸어. 서양에서는 이렇게 해외에서 일하는 중국인을 '힘든 일을 하는 사람'이란 뜻에서 '쿨리(苦力)'라고 불렀지. 한편 화교 중에서 성실함을 인정받아 농장이나 탄광의 관리인을 하거나 아예 장사에 뛰어드는 사람도 있었다고 해.

↑ 쿨리

> 괴로울 고(苦) 힘 력(力). 이 단어를 중국어로 읽으면 '쿨리'란다.

정체성을 지키며 똘똘 뭉치다

동남아시아 화교들은 언젠가는 정든 고향으로 돌아가려고 했어. 이들은 자기들이야말로 동아시아 제일의 문명국인 '중국 사람'이라는 자부심으로 가득 차 있었지. 그래서 동남아시아 현지의 문화를 받아들이고 현지인과 어울리기보다는 자기들끼리 똘똘 뭉쳐 살았단다. 꿋꿋이 중국식 옷을 입으며 중국어를 쓰고 중국 사람끼리 모여 사는 마을을 건설했지. 이런 태도 때문에 화교들은 동남아시아 현지 사람들의 눈 밖

↑ 타이 방콕의 차이나타운
동남아시아 곳곳에는 이처럼 화교들의 마을인 차이나타운이 건설되어 있어.

▲ 말레이시아 쿠알라룸푸르의 차이나타운

에 나게 되었고, 종종 화교를 몰아내려는 폭동이 일어나기도 했단다. 하지만 화교들은 숱한 시련에도 굴하지 않고 동남아시아 곳곳에 뿌리를 내리고 살게 되었지.

1900년대 중반 들어 동남아시아 국가들이 독립을 이룬 뒤에도 화교를 향한 탄압은 계속됐어. 특히 화교가 많았던 말레이시아는 아예 화교들이 가장 많은 남부의 한 도시를 강제로 분리해 독립시키기까지 했지. 이 도시가 바로 오늘날의 싱가포르야. 싱가포르는 오늘날 동남아시아 최고의 경제력을 자랑하는 나라로 성장했단다.

오늘날 동남아시아 화교들의 삶

약 5천만 명에 이르는 세계의 화교 중에 약 3천만 명 이상이 동남아시아에 살고 있어. 얼마나 많은 화

◀ 타이 비버리지의 CEO와 '창' 맥주
타이에서 인기 있는 '창' 맥주를 만드는 타이 비버리지는 화교 출신 기업가가 만들고 운영하는 회사야. 현재 CEO의 아버지인 짜런 시리와타나팍디는 타이 제1의 부자래.

◀ 동남아시아의 화교

- 태국 약 840만 명 (전체 인구의 12퍼센트)
- 미얀마 약 300만 명 (전체 인구의 6퍼센트)
- 베트남 약 100만 명 (전체 인구의 1퍼센트)
- 캄보디아 약 30만 명 (전체 인구의 2퍼센트)
- 필리핀 약 100만 명 (전체 인구의 1퍼센트)
- 말레이시아 약 770만 명 (전체 인구의 23퍼센트)
- 싱가포르 약 450만 명 (전체 인구의 76퍼센트)
- 인도네시아 약 730만 명 (전체 인구의 3퍼센트)

교가 동남아시아에 살고 있는지 짐작이 가지? 동남아시아에 정착한 화교 중에는 고등 교육을 받고 사업으로 성공을 거둔 사람이 많아. 특히 오늘날 동남아시아 각국의 경제를 움직이는 거대 기업들 중 상당수가 화교가 세운 기업이지. 정치에 뛰어들어 나라에 큰 영향력을 끼치는 사람도 있단다.

↑ 헨리 시
필리핀의 SM그룹 회장이야. 신발 회사로 출발한 SM그룹은 현재 필리핀 전체 유통 산업의 절반을 장악하고 있는 대기업이란다.

◀ 잉랏 친나왓
타이의 화교 정치인이야. 2011년부터 3년 동안 타이의 총리를 지냈지. 오빠인 탁신 친나왓 역시 타이의 총리를 지냈단다.

용선생 세계사 카페

다이아몬드는 영원히?
다이아몬드의 두 얼굴

반짝반짝 영롱한 빛을 내는 보석, 그중에서도 최고로 꼽히는 건 단연 다이아몬드야. 다이아몬드는 매우 귀한 보석으로 광물 중에서도 단단한 편이어서 가공하기 어려워. 그래서 보석 중에서도 가장 값이 비싸지. '영원한 사랑'의 상징으로, 연인들 사이의 프러포즈 반지나 결혼반지로도 인기가 높단다. 그런데 이 다이아몬드가 아프리카에 커다란 비극을 가져왔다는 사실을 알고 있니?

↑ 다이아몬드

원래는 부적으로 쓰였던 다이아몬드

다이아몬드는 아름다운 빛을 내는 보석이지만, 구하기가 엄청 힘든 데다 가공이 어려웠기 때문에 옛날부터 귀한 취급을 받았어. 18세기까지 전 세계에서 유일하게 인도에만 다이아몬드가 채굴되는 광산이 있을 정도였지. 고대 그리스에서는 다이아몬드를 '신이 흘린 눈물'이라고 여겼고, 로마 사람들 역시 다이아몬드를 '하늘에서 떨어진 별의 조각'이라며 소중히 다루었지. 이때만 하더라도 다이아몬드는 사악한 존재로부터 몸을 지켜 주는 부적으로 주로 쓰였단다. 다이아몬드는 1400년대 영국과 프랑스의 왕들이 왕관을 보석으로 장식하면서부터 보석으로 쓰였어. 그러다 유럽 왕실들끼리 정략 결혼을 할 때 다이아몬드로 장식한 반지를 주고받으며 다이아몬드는 왕의 보석이 되었단다.

← **영국 여왕의 왕관** 거대한 다이아몬드로 왕관을 장식했어. 아프리카에서 1905년에 채굴된 컬리넌 Ⅱ 다이아몬드로, 세계에서 두 번째로 큰 다이아몬드란다.

드비어스 - 세실 로즈가 차린 다이아몬드 회사

1800년대 말, 오늘날 남아프리카 공화국의 킴벌리에서 거대한 다이아몬드 광산이 발견됐어. 이 소식을 들은 많은 광산업자가 한밑천 잡기 위해 킴벌리로 몰려왔지. 이 사람들 중에는 훗날 아프리카를 쥐락펴락하는 기업인 세실 로즈도 끼어 있었단다. 세실 로즈는 킴벌리 근처에 작은 회사를 차리고는, 다이아몬드 광산 개발에 돈을 대고 채굴에 필요한 기계를 빌려주는 식으로 착착 돈을 모았어. 그리고 1888년 '드비어스 광산 회사'를 설립해 킴벌리 지역의 다이아몬드를 독점했지. 이후 드비어스 광산 회사는 확장을 거듭했어. 1900년대 말 드비어스는 전 세계 다이아몬드 원석 90퍼센트 이상을 독점하며 시장을 점령했단다. 다이아몬드를 사는 건 곧 드비어스의 다이아몬드를 사들이는 것과 다를 게 없었지.

↑ **드비어스 회사의 채굴기** 세실 로즈가 세운 '드비어스 광산 회사'는 한때 전 세계 다이아몬드의 90퍼센트 이상을 독점한 초거대 광산 기업이었어.

← **킴벌리 다이아몬드 광산지** 오늘날은 채굴이 끝나고 거대한 호수가 되었는데, 그 크기만 봐도 채굴량이 얼마나 대단했는지 짐작할 만하지.

DE BEERS
A DIAMOND IS FOREVER

🔺 **드비어스사 로고** 드비어스가 내세운 '다이아몬드는 영원히'란 문구는 이후 다이아몬드가 영원한 사랑을 상징하는 데 큰 몫을 했어.

🔺 **다이아몬드 결혼 반지를 끼워 주는 모습**

➡ **홍콩 트램의 드비어스 광고** 드비어스는 미국, 유럽, 아시아 시장으로 활발하게 사업을 넓히고 있어.

영원한 사랑의 상징이 된 다이아몬드

다이아몬드 시장을 독점한 드비어스사는 다이아몬드의 이미지를 바꾸어 나갔어. 다이아몬드가 귀한 대접을 받았다곤 하지만, 평범한 사람들에게는 아직까지 금이 가장 인기가 높았거든. 그래서 드비어스사에서는 다이아몬드를 더 많은 사람에게 팔기 위해 새로운 광고 전략을 세웠단다.

드비어스사에서는 다이아몬드가 보석 중에서 가장 단단하다는 것에 주목했어. 그리고 이 특성을 살려 '절대 깨지지 않는 다이아몬드는 영원한 사랑의 상징'이라는 이미지를 만들어 냈지. 이때 '다이아몬드는 영원히(A diamond is forever)'라는 문구가 만들어졌단다. 이 광고는 큰 성공을 거두었어. 사람들은 다이아몬드를 영원한 사랑의 상징으로 여기게 되었어. 그래서 결혼할 때 다이아몬드 반지를 선물하기 시작했어. 1940년대 이후로 다이아몬드는 사랑의 상징으로 완전히 자리 잡았지.

다이아몬드가 부른 비극 '블러드 다이아몬드'

하지만 다이아몬드는 많은 사람을 희생시키는 보석이기도 해. 오늘날 아프리카 각국은 여러 민족 간 내전과 분쟁으로 혼란스러운데, 다이아몬드가 여러 독재자와 반란군 지도자가 무기를 사들이고 나라를 다스리는 데 필요한 자금을 마련하기 위한 돈줄로 쓰이거든. 이들은 광부를 학대하다시피 해 다이아몬드를 채취하고, 그렇게 얻은 돈으로 무기를 사서 학교에 가야 할 어린아이를 전쟁터로 내몰기도 하지. 보석 가게에서 사랑의 상징으로 구매한 다이아몬드값이 전쟁 비용으로 쓰이는 거야. 아프리카의 풍부한 자원이 오히려 아프리카 사람들에게는 비극의 씨앗이 된 셈이지.

▲ 영화 〈블러드 다이아몬드〉 아프리카 분쟁 지역을 배경으로 다이아몬드 때문에 어떤 비극이 벌어지고 있는지 잘 보여 주는 영화야.

그래서 아프리카의 다이아몬드를 '피의 다이아몬드', 즉 '블러드 다이아몬드'라고 부르기도 한단다. 이 문제로 세계의 많은 나라가 생산지가 불분명하거나 분쟁 지역에서 나온 다이아몬드는 사지도 팔지도 않기로 합의했어. 하지만 다이아몬드를 찾는 사람이 너무나도 많아서 좀처럼 지켜지지 않는단다.

◀ 총으로 무장한 아프리카 소년병들
아프리카 정부와 반란군 지도자들은 다이아몬드를 팔아 무기를 사고 어린 소년을 전쟁터로 내몰고 있단다.

2교시

러시아와 독일이 성장하며 유럽에 긴장이 커지다

1800년대 후반으로 접어들며 유럽에는 새로운 긴장감이 맴돌았어.
러시아는 쇠퇴하는 오스만 제국을 압박하며
남쪽의 발칸반도를 향해 세력을 넓히려고 했고,
통일을 이룬 독일은 새로운 강대국이 되어
국제 사회에서 목소리를 높이기 시작했지.
오늘은 유럽의 치열한 외교전 한복판으로 떠나 보자!

1825년	1853년	1878년	1882년	1905년	1907년	1912년
데카브리스트의 반란	크림 전쟁 발발	베를린 회의	독일-이탈리아 동맹 체결 (삼국 동맹)	모로코 사건	영국-프랑스-러시아 동맹 체결 (삼국 협상)	발칸 전쟁 발발

모로코
아프리카의 북서부에 위치한 나라. 프랑스가 식민지로 삼으려 하자 독일이 반대하며 국제적으로 갈등이 시작됐어.

베를린
1878년, 독일의 수상 비스마르크의 집무실에서 발칸반도를 둘러싼 강대국의 갈등을 조정하는 회의가 열렸어.

보스니아
발칸반도 북서부의 내륙 지방. 이웃한 세르비아인이 많이 살았지만, 1878년 이후 오스트리아-헝가리 제국의 지배를 받게 돼.

노르웨이
북 해
덴마크
영 국
네덜란드
런던
벨기에
독 일
대 서 양
파리
프랑스
스위스
포르투갈
에스파냐
이탈리아
로마
알제
모로코

역사의 현장 지금은?

유럽의 화약고 발칸반도의 루마니아와 불가리아

발칸반도는 지중해와 흑해 사이에 위치한 반도야. 한반도 면적의 2배 남짓한 땅에 루마니아, 세르비아 등 11개국과 튀르키예 일부가 자리 잡고 있단다. 이곳은 오래전부터 유럽과 아시아를 잇는 교통 요지였지만 복잡한 민족 문제와 강대국의 간섭 때문에 갈등이 끊이지 않아 '유럽의 화약고'라고 불렀지. 하지만 최근에는 아름다운 자연환경, 다양한 민족과 종교가 만들어 낸 독특한 경관 때문에 많은 사람이 찾아. 발칸반도의 여러 국가 중에서 2007년 유럽 연합에 가입하며 새로운 도약을 꿈꾸는 루마니아와 불가리아를 자세히 살펴보자.

▲ **동유럽의 파리 부쿠레슈티** 도나우강 하류 루마니아 평원에 있는 수도야. '동유럽의 파리'라고 부를 정도로 아름다웠지만 독재 정권의 지배를 거치며 많은 건물이 사라져 버렸어.

▲ **루마니아 역사를 빛낸 '혁명 광장'** 1989년에 이곳에서 일어난 민중 혁명으로 차우셰스쿠 독재 정권이 무너졌어.

독재에서 벗어나 발전하는 루마니아

발칸반도 동북부에 있는 루마니아는 면적이 한반도보다 약간 큰데, 발칸에서 가장 넓은 나라야. 인구는 약 1,900만 명. 루마니아는 '로마인의 나라'라는 뜻으로, 먼 옛날 로마 제국이 이곳을 점령한 뒤 많은 로마인이 이주했기 때문에 이런 이름이 붙었어. 그래서 루마니아는 발칸에서 유일한 라틴인 국가란다. 문자도 슬라브인의 키릴 문자 대신 로마자 알파벳을 쓰지. 오랜 독재 정권의 지배를 거친 루마니아는 1989년에 민주화되었고, 그 후 우리나라를 포함한 여러 외국 회사가 들어서며 발전 중이야.

▼ **유럽에서 가장 큰 관공서 건물 '인민 궁전'** 독재자 차우셰스쿠가 지은 건물이야. 1997년부터 의회 건물로 쓰여서 오늘날 공식 명칭은 '의회 궁전'이지.

드라큘라의 고향

루마니아는 드라큘라의 고향이기도 해. 드라큘라는 1400년대 루마니아의 영주였던 '블라드 3세 공작'을 모델로 한 캐릭터야. 블라드 공작은 죄인이나 전쟁 포로를 끝이 뾰족한 장대에 꽂아 죽이는 잔혹한 처형 방법으로 악명이 높았는데, '용의 아들'이란 뜻의 별명 '드러쿨레아'로도 불렸대. 여기서 영감을 받은 소설가 브람 스토커가 소설 《드라큘라》에 흡혈귀 '드라큘라 백작'을 등장시키며 전 세계적으로 유명해졌단다.

↑ 드라큘라성으로 알려진 브란성
블라드 공작이 잠시 머물렀던 성이야. 지금은 유명한 관광지란다.

↑ 블라드 3세
1400년대에 루마니아 남부 발라히아 공국의 영주였어. 오스만 제국의 침략에서 나라를 지킨 영웅이기도 해.

↑ 1897년 《드라큘라》 초판본

↓ 블라드 공작이 태어난 마을 시기쇼아라
중세 모습을 그대로 간직한 마을로 유네스코 세계유산으로 지정됐어.

생태계의 보고 도나우강 삼각주

독일에서 시작되는 도나우강은 루마니아를 거쳐 흑해로 흘러나가. 루마니아의 도나우강 하구에는 유럽에서 제일 큰 삼각주가 있지. 도나우강 삼각주는 울창한 갈대숲과 야생화로 뒤덮인 호수 덕택에 멋진 경관을 자랑해. 또 이곳은 수많은 희귀 동식물이 살아가는 생태계의 보고이자 소중한 관광 자원이란다.

↑ **유네스코 세계 자연 유산 도나우강 삼각주** 유럽에서 가장 크고 보존이 잘된 삼각주야. 삼각주 대부분은 사람의 출입이 엄격히 금지돼 있어.

↑ **루마니아인의 삶의 터전** 이곳에서는 아직도 만 명 이상의 주민이 전통적인 어업에 종사하고 있대.

← **철새들의 천국**
도나우강 삼각주에는 세계 곳곳에서 수백만 마리의 새가 날아들어.

← **철새 보호 기념 우표**

유럽 6대 와인 생산지 루마니아

루마니아는 세계에서 손꼽히는 와인 생산지야. 겨울은 춥지만 여름이 덥고 건조해 포도가 자라기 좋은 환경이거든. 그래서 루마니아에서는 수천년 전부터 와인을 만들었대. 또 흑해 연안과 도나우강 주변에는 농산물이 풍부해 다양한 음식 문화가 발달했단다.

↑ **세계적인 와인 생산지 몰다비아 지역**
이곳에서 루마니아 와인의 약 70퍼센트가 생산돼. 서쪽의 카르파티아산맥이 차가운 바람을 막아 줘 포도 재배에 유리하지.

→ **야채롤 사르말레**
포도 잎, 양배추 잎 등에 쌀이나 다진 고기, 양파, 허브 등을 넣고 말아서 만든 쌈이야.

↑ **머멀리가**
걸쭉한 옥수수죽으로, 루마니아인의 주식이야. 심심한 맛이라 보통 다른 음식에 곁들여 먹어.

발칸의 붉은 장미 불가리아

발칸반도 동부에 자리 잡은 불가리아는 중앙아시아 출신 유목민인 볼가르인과 슬라브인이 혼합되면서 681년에 탄생했지. 한때 비잔티움 제국을 압박할 정도로 강력한 세력을 떨치기도 했지만 500년간 오스만 제국에 지배당하다 1908년에야 독립했어. 소득 수준은 유럽에서 하위권이지만, 구소련 시절부터 정보 기술(IT) 산업이 발달해 '동유럽의 실리콘 밸리'라고 불리는 등 발전 가능성이 높은 곳이지. 면적은 한반도의 절반, 인구는 약 650만 명이야.

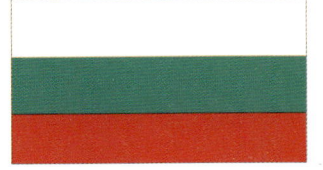

➡ 소피아 공주의 동상

⬆ 불가리아에 진출한 마이크로소프트
불가리아는 IT 산업을 집중 육성하기 위해 해외 IT 기업을 적극 유지하고 있어.

⬆ 소피아 온천 소피아는 기후가 온화하고 온천이 많아. 로마 제국의 공주 소피아가 이 온천에 와서 병이 낫자 공주의 이름을 따 도시 이름을 '소피아'로 정했대.

⬇ 불가리아의 최대 중심지 소피아
로마 제국 시절부터 발달한 유서 깊은 도시야. 튀르키예의 이스탄불과 동유럽 주요 도시를 잇는 교통의 요지이기도 해.

불가리아의 독립을 상징하는 '알렉산드르 네프스키 성당'. 러시아-튀르크 전쟁에서 불가리아의 독립을 위해 싸우다 전사한 러시아 군인 20만 명을 기리기 위해 지었어.

장미유의 최대 생산지

불가리아는 장미에서 추출한 장미유의 최대 생산지로 유명해. 그래서 '발칸의 붉은 장미'란 별명이 생겼지. '장미 계곡'이라 불리는 스타라플라니나산맥의 계곡은 북쪽의 산이 겨울의 차가운 바람을 막아 주고, 남쪽으로는 지중해의 온화한 공기가 들어와 장미가 잘 자란대. 해마다 5월이 되면 장미 계곡에서 국제 장미 축제가 열린단다.

▲ 장미 계곡에서 장미를 재배하는 모습
장미에서 추출한 장미유는 주로 향수나 화장품의 원료로 쓰여.

◆ 카잔루크 장미 축제
주요 정치인과 외교단이 참석하는 큰 행사야. 전통 의상을 입고 행진하는 사람들을 보기 위해 수많은 관광객이 몰려온단다.

장미의 여왕을 뽑는 행사가 축제의 하이라이트야.

◆ 불가리아 장미유와 장미유로 만든 비누

신이 불가리아에 준 선물 요구르트

불가리아 요구르트는 맛이 좋은 데다 영양까지 풍부해 불가리아 사람들의 건강을 지켜 주는 음식이야. 불가리아 요구르트를 만드는 효모균은 불가리아의 주요 수출품으로, 우리나라를 비롯한 전 세계에 수출된단다. 이 균은 오직 불가리아에서만 구할 수 있다고 해.

◆ 불가리아 가정 요리 타라토르
요구르트와 야채로 만든 건강 수프야. 불가리아인에게 요구르트는 우리의 밥과 같은 주식이지.

◆ 요구르트 음료 아이란
불가리아 요구르트에 물을 섞어서 만든 음료야.

크림 전쟁,
러시아의 팽창을 막아라!

"지난 시간에 영국을 추격해 온 나라들이 있다고 하셨잖아요. 영국이 그 정도로 강력했던 건가요?"

나선애의 말에 용선생이 고개를 끄덕였다.

"맞아. 사실 영국은 오랫동안 유럽의 여러 제국주의 국가 중에서도 제일 막강한 나라였어. 영국의 가장 큰 힘은 무엇보다 해군이었지. 전 세계의 바다를 주름잡은 영국 해군의 힘을 그 누구도 넘볼 수가 없었거든. 1800년대 영국은 다른 열강의 군함을 모두 합친 것보다 더 많은 군함을 보유했을 정도였어. 그야말로 해군만은 세계 제일이었지."

"우아, 대단한데요. 근데 해군이 왜 그렇게 많이 필요해요?"

◀ 영국 해군 영국 해군의 함대가 줄지어 있는 모습이야. 영국은 1900년대 중반까지도 세계 최강의 해군을 보유한 나라였어.

"유럽 본토에서 멀리 떨어진 세계 곳곳에 식민지를 건설하고 지키려면 해군이 꼭 필요했어. 더구나 영국은 섬나라잖니. 영국 본토를 보호하려면 육군보다는 막강한 해군이 더욱 중요했지. 영국은 강력한 해군을 바탕으로 1800년대 내내 두 가지 외교 정책을 펼쳤단다."

"어떤 정책인데요?"

"우선 유럽 대륙의 다른 나라와 동맹을 맺지 않고 철저히 중립을 지키는 거야."

"왜요, 동맹이 있으면 도움이 되잖아요?"

두기가 고개를 갸웃댔다.

"영국은 해군의 힘만으로 충분히 자기 나라를 지킬 수 있었어. 괜히 동맹을 맺었다가는 다른 나라의 전쟁에 휘말려들 위험만 늘어날 뿐이었지. 다만 영국이 걱정하는 건 딱 한 가지였어. 나폴레옹 시절의 프랑스 같은 강대국이 등장해서 유럽을 모두 정복하고 영국과 맞서는 거야. 이걸 막기 위해 영국은 유럽의 상황을 잘 살피다가, 한 나라의 세

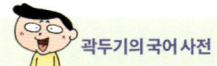

곽두기의 국어사전

중립 가운데 중(中) 설 립(立). 어느 한쪽 입장에 치우치지 않고 공정하게 가운데에 서는 것을 말해.

러시아와 독일이 성장하며 유럽에 긴장이 커지다

력이 지나치게 커질 것 같으면 끼어들어 훼방을 놓았어."

"흠, 동맹은 맺지 않고, 지나치게 강한 나라가 등장하는 것만 막는다, 이거죠?"

장하다가 고개를 끄덕이자 왕수재가 손을 번쩍 들었다.

"선생님, 지난 시간에 영국이랑 러시아가 우리나라에서도 서로 충돌했다고 하셨잖아요. 그럼 그것도 영국이 러시아가 지나치게 강해지는 걸 막기 위해서 그랬던 건가요?"

"잘 기억하고 있구나. 맞아. 1800년대 들어 영국이 가장 크게 경계했던 나라가 바로 러시아란다. 러시아는 나폴레옹 전쟁이 끝난 직후 서유럽을 위협하는 강대국으로 떠올랐지. 알고 보면 러시아는 나폴레옹을 몰락시키는 데에 영국 못지않게 큰 역할을 한 나라였어."

"맞다, 나폴레옹이 러시아 원정을 갔다가 쫄딱 망했죠?"

"흐흐, 그래. 하지만 러시아는 위협적인 겉모습과는 달리 나라 안은 서유럽 국가와 비교했을 때 꽤 뒤처져 있었어. 도시와 상업이 거의 발달하지 않았고, 1800년대 중반까지도 국민 대다수가 중세에나 볼 법한 농노 신세였거든. 시민의 자유나 인권 같은 건 아예 꿈도 꿀 수 없었어. 차르는 과거 프랑스의 루이 14세 못지않은 절대 권력을 누렸지."

"그럼 러시아에서는 프랑스 혁명 같은 시민 혁명이 전혀 일어나지 않았어요?"

"혁명을 일으킬 사람들이 없었어. 러시아는 상업이 발달하지 않은 나라이다 보니, 프랑스처럼 혁명을 이끌 부르주아가 많지 않았거든. 더구나 국가에서 혁명의 씨앗이 될 자유주의 같은 사상을 심하게 탄압했기 때문에 대다수 시민은 서유럽에서 무슨 일이 벌어지는지 알기도 어려웠단다."

"러시아가 그렇게 뒤처진 나라인 줄은 몰랐네요."

"그나마 서유럽을 드나들며 전쟁을 하던 청년 장교들은 세상이 어떻게 변했는지 알았어. 유럽 각국에서 왕이 내쫓기고 시민의 자유와 권리를 보장하는 헌법이 만들어진 걸 본 거지. 러시아에 돌아온 청년 장교들은 쿠데타를 준비했어. 러시아에서도 프랑스나 영국처럼 헌법을 만들고 입헌 군주제를 실시하려고 한 거야. 이 사건을 '데카브리스트의 반란'이라고 해."

← **데카브리스트의 반란 추모비**
상트페테르부르크에 세워져 있어. 반란을 주도하였다가 처형당한 장교들의 이름이 새겨져 있지.

← **데카브리스트의 반란**
개혁을 주장하며 쿠데타를 일으켰던 청년 장교들을 데카브리스트라고 불렀어. 청년 장교들은 러시아를 서유럽처럼 변화시키려고 했지만 실패하고 말았지.

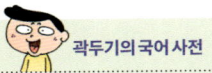

곽두기의 국어 사전

미흡 아닐 미(未) 흡족할 흡(洽). 아직 흡족하지 못하거나 만족스럽지 않은 것을 말해.

"그럼 러시아도 서유럽처럼 바뀌는 거예요?"

"그렇진 않아. 준비가 미흡했던 탓에 금세 진압당하고 말았거든. 이 사건이 있은 뒤로 니콜라이 1세는 더욱 강력하게 자유주의의 움직임을 억눌렀어. 수많은 러시아 지식인들을 시베리아로 유배 보냈고, 1848년에 유럽 곳곳에서 혁명이 터지자 아예 서유럽 여러 나라와 외교 관계를 끊어 버리기까지 했지."

"너무 극단적인데요. 외교 관계까지 끊을 필요가 있었나요?"

영심이가 어리둥절한 표정을 지었다.

"러시아에 자유주의가 퍼지는 걸 그만큼 두려워 한 거지. 하지만 하나는 알고 둘은 모르는 결정이었어. 러시아가 어떻게든 사회 변화를 막으려고 안간힘을 쓰는 사이, 서유럽의 여러 국가는 시민 혁명과 산업화를 거치며 눈부시게 발전해 나갔으니까. 한때 유럽을 위협했던 러시아의 강력한 군대도 어느새 구닥다리가 되어 버렸지. 이게 잘 드러난 게 바로 1853년부터 벌어진 크림 전쟁이야."

↑ 니콜라이 1세
(1796년~1855년) 유럽에 자유주의 열풍이 한창일 당시 러시아의 차르였어. 자유주의를 철저히 탄압하고 차르의 권력을 더욱 강화했지.

→ 크림 전쟁

러시아와 영국-프랑스 연합군이 크림반도에서 팽팽히 맞섰어.

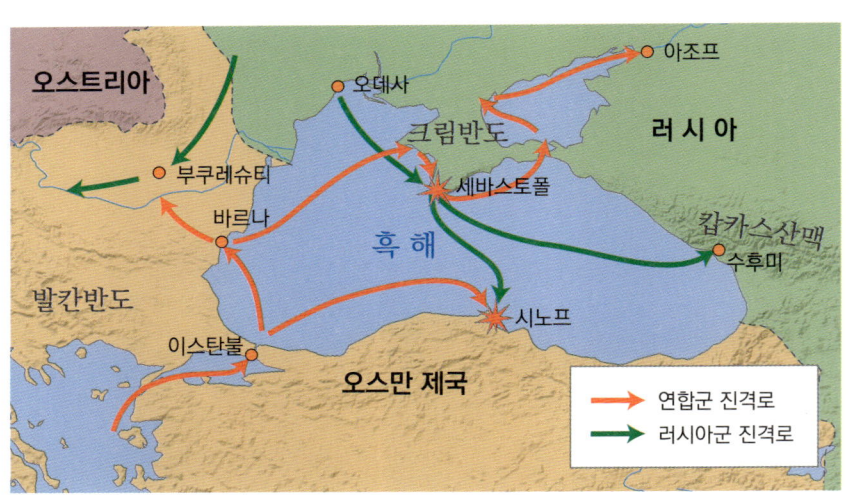

"크림 전쟁이라면 지난번 오스만 제국의 몰락을 공부할 때 말씀하신 적 있었는데……."

나선애가 노트를 재빨리 앞으로 넘기며 중얼거렸다.

"맞아. 러시아는 흑해 쪽으로 세력을 넓히며 오스만 제국을 위협했지. 그러다가 러시아의 팽창을 경계한 영국과 프랑스가 오스만 제국을 지원하면서 크림 전쟁이 터졌단다. 러시아군은 발칸반도를 향해 빠르게 진격했지만 뒤이어 도착한 영국군과 프랑스군에 연거푸 패배하며 속수무책으로 밀려났어. 전쟁 중반에는 영국과 프랑스의 연합군이 러시아 영토인 흑해 북부의 크림반도에 상륙했지. 러시아군이 이렇게 진땀을 뺄 줄은 아무도 몰랐단다."

"러시아가 제대로 혼쭐이 났군요."

"맞아. 연합군이 승기를 잡는 데에는 영국의 강력한 해군이 큰 역할을 했어. 영국 해군은 흑해뿐 아니라 발트해, 동북아시아에 있는

↑ **전쟁터의 연합군 장교들** 크림 전쟁은 역사상 최초로 전쟁터에서 사진을 촬영한 전쟁이야. 그래서 전장의 생생한 모습을 남길 수 있었지.

 용선생의 세계사 돋보기

크림 전쟁에는 이탈리아의 사르데냐 왕국도 참여했고 오스트리아-헝가리 제국과 프로이센도 전쟁에 뛰어들 것처럼 러시아를 위협했어. 사실상 모든 유럽 국가가 러시아의 팽창을 막으려 했던 거지.

 곽두기의 국어사전

승기 이길 승(勝) 기회 기(機). 이길 수 있는 기회를 말해.

← **세바스토폴 공방전** 영국-프랑스 연합군이 러시아의 세바스토폴 요새를 공격하고 있어. 세바스토폴은 러시아의 흑해 함대가 주둔한 도시였지.

열악한 치료 환경 개선을 위해 싸운 나이팅게일

▲ 플로렌스 나이팅게일
(1820년~1910년)

크림 전쟁은 몹시 잔혹한 전쟁이었어. 3년도 채 안 되는 기간 동안 크림반도라는 좁은 지역에서 100만 명이 넘는 병사가 죽거나 다쳤지. 사상자 규모만 놓고 보면 20년 넘는 시간 동안 유럽 전역에서 진행된 나폴레옹 전쟁과 맞먹을 정도야.

왜 이렇게 인명 피해가 컸을까? 우선 가장 큰 원인은 무기의 발달이야. 무기가 개량되면서 이전보다 같은 시간 안에 훨씬 더 많은 사람을 죽일 수 있었거든. 그런데 전쟁터에서 가까스로 목숨을 구하더라도 치료 환경이 비위생적인 야전 병원에서 목숨을 잃는 경우가 많았어. 당시만 해도 전쟁터에서 부상당한 사람을 돌보는 야전 병원 시설이 제대로 갖춰져 있지 않아서, 부상자들이 제대로 된 간호를 받지 못한 채 상처가 악화되거나 병에 걸려 죽는 경우가 굉장히 많았거든. 병원에서 부상자가 사망한 비율이 무려 40퍼센트나 될 정도였지.

이때 영국군의 야전 병원에서 크게 활약한 인물이 있어. 바로 '백의의 천사'로 유명한 플로렌스 나이팅게일이야. 나이팅게일은 간호사 38명과 함께 이스탄불 인근의 야전 병원으로 파견됐어. 그리고 병원의 열악한 환경에 큰 충격을 받았지. 나이팅게일은 야전 병원의 책임자로 일하며 영국군에 지속적으로 병원 환경 개선을 요구했어. 그 결과 더러운 침대보를 세탁하고, 각종 의료 도구를 소독하며, 신선한 채소와 과일을 마련해 병사들의 회복을 돕는 등 여러 가지 조치가 차근차근 이루어졌단다. 나이팅게일의 헌신은 언론을 통해 영국 본국에 널리 알려졌어.

나이팅게일의 노력 덕택에 병원 환경은 크게 개선됐어. 그리고 병원에서 사망하는 사람이 급속히 줄어들었지. 그 결과 한때 40퍼센트에 이르렀던 부상자 사망률은 2퍼센트까지 감소했어. 전쟁이 끝난 후 나이팅게일은 영국의 영웅이 되었고, 오늘날까지 '백의의 천사'로 이름을 날리고 있단다.

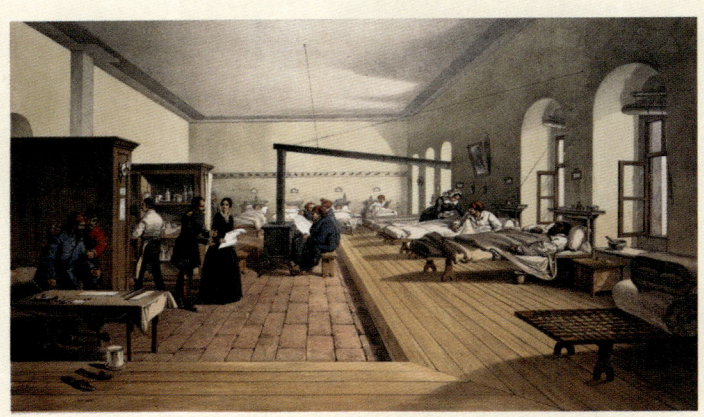

◀ 이스탄불의 스쿠타리 야전 병원
나이팅게일이 일하기 시작하면서 위생 환경이 개선된 모습이래. 나이팅게일이 막 도착했을 때 이 병원에는 악취가 진동하는 데다가 벌레까지 들끓었다고 해.

러시아 항구까지 모조리 봉쇄하고 대포를 쏘아 댔거든. 견디다 못한 러시아는 3년 만에 항복을 선언했어."

"그럼 러시아가 완전히 진 건가요?"

"응. 크림 전쟁 이후 러시아는 흑해 지역에서 완전히 물러나야 했어. 영국과 프랑스가 흑해에 해군을 주둔시키지 않기로 하며 흑해를 중립 지대로 만들어 버렸거든. 또 앞으로 러시아가 발칸반도의 슬라브인을 돕겠다는 구실을 대며 세력을 확장하는 것도 금지했지. 한마디로 말해서 러시아가 지중해로 진출하는 길을 꽁꽁 틀어막은 거야."

용선생의 핵심 정리

막강한 해군을 지닌 영국은 유럽에서 중립을 유지하며, 유럽에 강국이 등장하는 것을 견제하는 외교 정책을 펼침. 영국의 대표적인 경계 대상이 러시아. 러시아는 자유주의의 물결을 막으며 시대 변화에 뒤처지고 크림 전쟁에서 크게 패배함.

러시아가 개혁을 시도하며 계속 팽창해 나가다

"러시아가 엄청 강한 나라인 줄 알았더니, 덩치만 크지 별 거 아니었군요?"

장하다가 피식 웃으며 말하자 용선생은 고개를 끄덕였다.

"그동안 착각에 젖어 살던 러시아 사람들도 이젠 러시아가 얼마나 시대에 뒤처졌는지 확실히 깨달았지. 때마침 크림 전쟁이 끝날 무렵 차르도 바뀌었어. 새 차르 알렉산드르 2세는 러시아를 발

↑ **알렉산드르 2세** (1818년~1881년) 농노 해방령을 발표하고 러시아의 산업화를 이루기 위해 노력한 차르야.

▲ 농노 해방령 발표 1861년 3월 3일, 알렉산드르 2세가 농노 해방령을 발표했어. 하지만 농민들의 삶은 나아지지 않았지.

전시키기 위해 개혁에 착수했단다. 그 첫 단계로 1861년에 농노 해방령을 내려 농노를 해방시켰지."

"농노를 해방시키는 거랑 러시아 발전이랑 무슨 상관이 있죠?"

"러시아의 농민은 '미르'라는 농촌 공동체에 모여 살았어. 꼭 중세 유럽의 장원처럼 말이야. 산업화를 위해서는 공장에서 일할 노동자가 있어야 하는데, 국민 절반 이상이 농노 신세로 미르에 발이 묶여 있으니 산업화에도 걸림돌이었지. 그래서 러시아 산업을 발전시키려면 무엇보다 농노를 해방시켜야 했던 거야."

"그런데 그렇게 갑자기 농노를 해방시켜 버리면 영주들이 크게 반발하지 않을까요?"

▲ 러시아 농촌 공동체 미르 농민들이 세금이 많다며 미르 책임자에게 불평하고 있어.

"사실 영주 입장에서도 더 이상은 농노제를 유지하기가 어려웠어. 크림 전쟁이 길어지면서 오랜 전쟁에 지친 농민들이 러시아 전역에서 거세게 반란을 일으켰거든. 차르는 이러다가 프랑스처럼 거대한 혁명이라도 일어나는 날에는 재산은 물론이고 목숨마저 잃을 수 있다며 영주들을 꾸준히 설득했지. 설득에는 무려 5년이 걸렸어."

"휴, 하루아침에 이루어진 일이 아니었군요."

"하지만 농노 해방령이 발표되었다고 농민의 삶이

크게 바뀌진 않았단다. 일단 자유를 얻긴 했지만, 돈도 땅도 없는 빈털터리 신세였거든. 해방된 농노가 먹고살려면 울며 겨자 먹기로 많은 빚을 지고 영주의 땅을 사야 했지."

"빚이라고요? 누구한테 돈을 빌렸어요?"

"러시아 정부가 미르를 통해 빌려줬단다. 이렇게 빌린 돈은 다시 미르를 통해 오랜 기간에 걸쳐 조금씩 나눠 갚았지. 근데 땅값이 워낙 비싸서 매번 갚아야 하는 돈이 예전에 내던 세금 못지않게 많았어. 농사를 짓지 않고 도시로 나가서 일하더라도 미르에 계속 돈을 내야 했기 때문에 부담은 전혀 줄지 않았지."

용선생의 세계사 돋보기

러시아 정부는 농민들이 국가에 내야 할 세금과 땅값으로 갚아야할 돈을 미르가 책임지고 공동으로 관리하도록 했어. 그래서 농민들은 함부로 미르에서 탈퇴할 수 없었고, 설령 도시로 이주하더라도 미르에 내는 세금과 땅값을 계속 내야 했단다.

"생활이 나아질 줄 알았더니 그게 아니네요."

영심이의 말에 용선생은 고개를 내저었다.

"오히려 더 힘들어졌지. 해방된 농노들이 받은 땅은 농노 시절 농사짓던 땅보다 훨씬 적었어. 여기에 원래 국가에 내던 세금도 똑같이 내야 했으니까 수입은 오히려 확 줄어들었지. 결국 농노 해방령이 내려진 이후 농민 반란은 더욱 증가했단다."

"이건 뭐, 해방됐다고 해서 좋은 게 아니었네요."

"흐흐. 하지만 농노 해방을 계기로 러시아 사회는 크게 변화하기 시작했단다. 농촌을 떠나 도시로 오는 사람이 조금씩 늘어나면서 점차 산업화가 진행됐고, 서유럽의 여러 국가처럼 부르주아가 성장했어. 여기에 러시아 정부도 농노 해방에 그

↑ 러시아의 대도시 카잔 1900년대 초의 모습이야. 알렉산드르 2세의 개혁을 거치며 러시아에도 높은 빌딩과 전차가 오가는 대도시가 속속 건설됐어.

러시아와 독일이 성장하며 유럽에 긴장이 커지다 **095**

▲ **젬스트보 회의 모습** 농노 해방령과 함께 새롭게 꾸려진 지방 의회야. 지방 주민의 투표를 통해 신분 구별 없이 의원을 선출했고, 지방 발전을 위해 많은 일을 했지.

▲ **젬스트보 학교** 젬스트보가 새롭게 세운 학교는 8세부터 12세 아이를 대상으로 무료 교육을 실시했어.

치지 않고 사회 전반에 걸쳐서 개혁을 강력하게 밀어붙였지."

"또 무슨 개혁을 했는데요?"

"일단 러시아의 각 지방을 다스릴 새로운 통치 기구를 만들었어. 그동안은 각 지방의 영주가 자기 땅을 알아서 다스렸거든. 러시아는 땅이 워낙 넓어서, 지방의 발전을 중앙에서 일일이 챙기지 못하니 지방은 낙후될 수밖에 없었지."

"또 국민 대부분이 영주의 지배를 받는 농노였으니까, 발전이 더욱 더뎠을 것 같네요."

나선애가 고개를 끄덕거렸다.

"하지만 이제는 러시아 정부가 직접 관리를 파견해 지방을 다스렸어. 또 모든 주민의 투표를 거쳐 지방 의회도 만들었지. 새롭게 만들어진 지방 의회는 낙후된 지방을 발전시키기 위해 많은 일을 했어. 도로를 뚫고 병원, 은행, 우체국과 같이 생활에 꼭 필요한 기관을 건설했지. 그 덕분에 지방 도시의 생활 환경도 많이 좋아졌단다."

"우아, 그건 진짜 좋은 일이네요."

"여기에 전국에 수천 개가 넘는 학교가 들어서면서 국민들의 교육 수준도 한층 높아졌어. 그리고 러시아 주요 도시를 잇는 철도가 놓이면서 교통 사정이 훨씬 좋아졌고, 철광석과 석탄 광산이 새롭게 개발되었단다. 이뿐만 아니라 모든 재판을 공개 재판으로 투명하게 진행해서 국민들이 부당한 처우를 받지 않도록 했지. 군대도 대대적으로 개혁해서, 이제는 농민뿐 아니라 귀족을 포함한 모든 국민이 군대에 가게 됐어. 또 러시아군도 영국과 프랑스 못지않은 각종 신무기로 무장하게 됐단다."

"러시아가 개혁으로 정말 큰 변화를 겪었네요."

곽두기가 마른침을 삼켰다.

"개혁이 어느 정도 성공을 거두자 알렉산드르 2세는 해외로 눈을 돌렸어. 바로 영토 확장에 나선 거야."

"크림 전쟁이 끝난 뒤로

↑ 러시아 제국의 지방 법원
개혁을 통해 중범죄가 아닌 경우 지방 법원인 '치안 법원'에서 재판을 받도록 했어.

↑ 치안 법원의 배지

→ 러시아의 세력 확장

해외로 나가는 길은 완전히 막혔다고 하셨잖아요?"

"동쪽의 아시아로 나가는 길은 여전히 열려 있었어. 특히 러시아는 청나라를 눈여겨봤어. 당시 청나라는 아편 전쟁에서 영국과 프랑스에 연거푸 패배하며 궁지에 몰려 있었거든. 러시아는 평화 조약을 중재하겠다며 슬그머니 끼어들어 그 대가로 청나라에게서 드넓은 연해주를 빼앗았지. 러시아는 곧바로 블라디보스토크라는 항구 도시를 건설해 마침내 태평양으로 나가는 부동항을 확보했단다."

"정말 오랜 소원을 이뤘네요."

"러시아는 중앙아시아 쪽으로도 꾸준히 세력을 뻗쳤어. 그 결과 10여 년 사이에 오늘날의 우즈베키스탄과 투르크메니스탄에 해당하는 옛 소그디아나 지역이 모두 다 러시아의 영토가 되었지. 하지만

지난 시간에 설명했듯이 영국 때문에 러시아는 더 이상 팽창할 수 없었어. 러시아가 인도를 넘볼까 봐 영국이 페르시아까지 군대를 보내 러시아를 딱 가로막았거든. 두 나라는 중앙아시아를 놓고 오랫동안 대치했단다."

용선생의 설명에 장하다가 손을 번쩍 들었다.

"그러다가 크림 전쟁 때처럼 크게 싸울 수도 있을 텐데요?"

"이번에는 영국도 섣불리 전쟁을 벌일 상황이 아니었어. 크림 전쟁이 끝난 뒤 러시아에게 든든한 우군이 생겼거든. 바로 오스트리아와 프랑스를 차례로 무릎 꿇리고 통일을 이룬 독일이었지. 유럽의 새로운 강자가 된 독일과 러시아는 꽤 우호적인 관계였단다."

"독일이 러시아랑 어떻게 친해졌는데요?"

"독일의 수상 비스마르크가 의도적으로 러시아와 친하게 지냈어. 비스마르크는 독일 통일을 위해 프랑스와 전쟁을 벌였는데, 여기에 러시아가 끼어드는 걸 막아야 했거든. 1873년, 비스마르크는 오스트리아-헝가리 제국까지 끌어들여서 독일-러시아-오스트리아 사이에 동맹을 맺었어. 세 나라의 황제가 동맹을 맺었다고 '삼제 동맹'이라고 부른단다."

곽두기의 국어 사전

우군 벗 우(友) 군사 군(軍). 자기와 같은 편인 군대를 가리켜.

용선생의 세계사 돋보기

비스마르크는 독일을 안정적으로 발전시키기 위해 삼제 동맹을 통해 유럽에 혼란이 일어나는 것을 막고 프랑스를 고립시키려고 했어.

가장 가까운 유럽, 블라디보스토크

▼ **블라디보스토크** 1860년 러시아 동부 끄트머리에 있는 연해주에 건설된 도시야. 건설 당시부터 지금까지 러시아와 아시아를 잇는 관문 역할을 한단다. 러시아에서 가장 중요한 군항 중 하나지. 블라디보스토크라는 이름은 '동방을 지배하라'라는 뜻이래.

▲ 삼제 동맹 왼쪽부터 각각 오스트리아의 프란츠 요제프 1세, 독일의 빌헬름 1세, 러시아의 알렉산드르 2세야.

나선애의 세계사 사전

라틴인 프랑스어, 이탈리아어, 에스파냐어처럼 라틴어에서 유래한 말을 쓰는 사람들로 주로 남유럽에 살아.

"흠, 그래서 영국이 막 나갈 수가 없었던 거군요."

곽두기가 고개를 주억거렸다.

"독일을 뒷배로 둔 러시아는 흑해 쪽에서 다시 세력 확장을 시도했어. 흑해를 중립 지역으로 남겨 놓겠다는 약속을 깨고, 오스만 제국과 다시 한번 전쟁을 시작한 거야. 이번에도 발칸반도에서 독립 운동을 펼치는 슬라브인을 돕겠다는 핑계를 댔지."

"영국이 가만있었어요?"

영심이가 눈을 가늘게 뜨며 되물었다.

"러시아를 강력하게 비난하긴 했지만 별 행동을 보이진 않았어. 독일이 든든하게 버티고 있었기 때문에 크림 전쟁 때처럼 적극적으로 끼어들 수가 없었던 거야. 결국 러시아는 전쟁에서 대승을 거두었지."

"러시아가 이겼으니 슬라브인도 독립하겠네요."

▲ 세르비아 반란 오스만 제국에 대항해 반란을 일으킨 세르비아인들의 모습이야. 세르비아, 불가리아, 루마니아 등 발칸반도의 여러 나라는 1700년대 말부터 꾸준히 독립 운동을 벌였어.

"응, 전쟁에 진 오스만 제국은 사실상 발칸반도의 모든 영토를 잃었어. 세르비아, 불가리아, 몬테네그로와 같이 오스만 제국의 지배를 받던 슬라브인의 나라들이 독립했고, 라틴인의 국가인 루마니아도 이때 독립했지."

"근데 선생님, 슬라브인의 나라가 독립하면 러시아한테 좋은 건가요?"

"당연하지. 러시아는 슬라브인의 큰형

님 격인 나라거든. 세르비아나 불가리아가 독립을 얻었다고 하지만, 이대로는 자신의 독립을 도와준 러시아의 영향력 아래 놓일 수밖에 없었지. 러시아로서는 수백 년 넘게 꿈꿔 온 지중해 진출이 코앞으로 다가온 거야. 근데 이 와중에 독일이 불쑥 끼어들면서 산통이 깨지고 말았어."

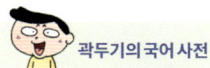

곽두기의 국어 사전

산통 셀 산(算) 대롱 통(筒). 눈먼 장님이 점을 칠 때 쓰는 산가지를 넣는 통을 가리키는데, 잘되어 가던 일이 뒤틀릴 때 '산통이 깨진다'는 표현을 써.

"어, 독일은 러시아 편이었다면서요?"

"영국이 강력하게 항의하면서 정말 전쟁이라도 벌일 것처럼 난리를 피웠거든. 비스마르크는 어쩔 수 없이 러시아와 영국 사이를 중재하고 나서야 했어. 자칫하다 러시아와 영국 사이에 전쟁이 벌어지면 독일은 러시아와의 동맹 관계 때문에 원치도 않는데 영국과 맞서 싸

▲ **베를린 회의** 1878년, 비스마르크의 주도 아래 독일의 수도 베를린에 세계 각국의 대표가 모였어. 가운데에 악수를 하는 비스마르크의 모습이 보여.

워야 하니까. 비스마르크의 초청에 영국과 러시아는 물론이고, 프랑스와 오스트리아-헝가리 제국 등 유럽 열강들의 대표가 모두 베를린에 모여 회의를 했단다."

"회의 결과가 어떻게 됐는데요?"

"러시아는 동맹인 독일만 철석같이 믿었어. 그런데 베를린 회의 결과는 전혀 뜻밖이었단다. 오스만 제국이 전쟁에서 잃은 영토를 대부분 돌려주고, 그 대신 슬라브인의 자치를 폭넓게 허용하자는 결론이 나왔거든. 이 와중에 오스트리아-헝가리 제국은 오스만 제국에 속한 보스니아 지역을 책임지고 관리하겠다고 나섰단다. 사실상 자기가 보스니아 지역을 다스리겠다는 거였지."

"그럼 전쟁에 이긴 러시아는 별 이득이 없잖아요."

"그렇지. 이로써 러시아의 지중해 진출은 또 한 번 좌절됐어. 러시

왕수재의 지리 사전

보스니아 오스트리아와 인접한 발칸반도 북서부의 내륙 지방이야. 1800년대에는 이웃한 세르비아와 크로아티아 사람들이 많이 살고 있었어.

러시아-오스만 제국 전쟁 후

베를린 회의 후

← 베를린 회의 후 오스만 제국의 영토 변화

발칸반도로 영향력을 넓히려던 러시아의 계획이 수포로 돌아갔네.

아의 알렉산드르 2세는 배신감에 치를 떨면서 삼제 동맹을 탈퇴해 버렸단다."

용선생의 핵심 정리

러시아는 알렉산드르 2세의 주도 아래 농노 해방령을 내리는 등 급속한 개혁을 진행함. 이후 연해주를 손에 넣고 중앙아시아로 팽창을 시도함. 독일과 동맹을 맺고 발칸반도를 얻기 위해 전쟁을 벌여 승리했지만, 베를린 회의 결과 모든 이득을 잃어버림.

비스마르크의 신중한 외교 전략

"비스마르크는 대체 왜 러시아를 배신한 건가요?"

장하다가 어리둥절한 듯 말하자 용선생은 팔짱을 끼며 말을 이어 나갔다.

"그건 유럽 국가 간의 평화를 유지하려는 비스마르크의 외교 정책

▲ **독일 잡지에 실린 풍자화** 다른 유럽 국가가 전 세계에서 식민지 쟁탈전으로 바쁜 동안 비스마르크는 편안히 쉬고 있어.

때문이야. 통일을 이룬 독일은 영국이나 프랑스 못지않은 강국이 되었어. 하지만 독일은 유럽 한복판에 있는 나라이기 때문에 언제든 다른 나라의 전쟁에 휘말릴 위험이 있었지."

"섬나라인 영국과는 사정이 전혀 달랐군요."

"맞아. 그래서 비스마르크는 중립을 유지하려는 영국과 달리 유럽 여러 국가들과 최대한 사이좋게 지내려고 했어. 그리고 행여나 위험이 닥쳤을 때 도움을 받을 수 있도록 동맹 관계를 유지했지. 다만 딱 한 나라와는 도저히 친해질 수가 없어서 끝까지 철천지원수로 남았어. 바로 프랑스야."

"왜 프랑스랑은 친하게 지낼 수가 없는데요?"

"프로이센-프랑스 전쟁 때문이야. 전쟁에 승리한 독일이 프랑스의 자존심을 완전히 짓밟았거든. 거기다 프랑스에 엄청난 전쟁 배상금까지 물렸지. 비스마르크는 파리 시민이 네 달 동안 처절하게 저항하는 모습을 보고 두 나라 사이의 화해는 어렵다고 봤어. 그래서 프랑스를 제외하고 유럽의 모든 강대국과 친하게 지내는 외교 전략을 썼단다. 동맹이 될 수 없다면 프랑스를 완전히 따돌려 버리겠다는 계획이었어."

"그게 가능한가요?"

"적어도 비스마르크가 독일 수상으로 있는 동안에는 성공했어. 독일은 오스트리아, 러시아와 관계를 다졌고, 다른 유럽 국가와도 두루

← 리싸 해전 (1866년)
이탈리아 독립 전쟁 중 아드리아해에서 이탈리아와 오스트리아 해군 사이에 벌어진 해전이야. 오스트리아는 이 싸움에서 승리를 거뒀지만, 이후 베네치아를 내주며 더 이상 이탈리아 쪽으로 진출하는 걸 단념해야 했지.

두루 친하게 지냈어. 그 결과 프랑스는 유럽에서 완전히 소외되었지. 독일은 행여나 다른 나라와 관계가 틀어질까 봐 해외 식민지 경쟁에도 뛰어들지 않았고, 국제적으로 다툼이 생기면 늘 평화적으로 해결하려고 노력했단다. 1878년의 베를린 회의도 그런 의미에서 개최한 거였어."

"그럼 러시아랑도 잘 지내야죠. 베를린 회의에서 러시아한테 왜 그랬던 거예요?"

"독일 입장에서는 일단 영국과 잘 지내는 게 중요했거든. 그리고 더 큰 문제는 독일의 또 다른 동맹국인 오스트리아-헝가리 제국이었어. 발칸반도는 오스트리아-헝가리 제국도 눈독을 들인 지역이었지. 동유럽 중심부에 자리한 오스트리아-헝가리 제국은 이탈리아와

↑ 오스트리아-헝가리 제국의 위치

러시아가 독일이 성장하며 유럽에 긴장이 커지다

식민지 경쟁에 뒤늦게 뛰어든 독일

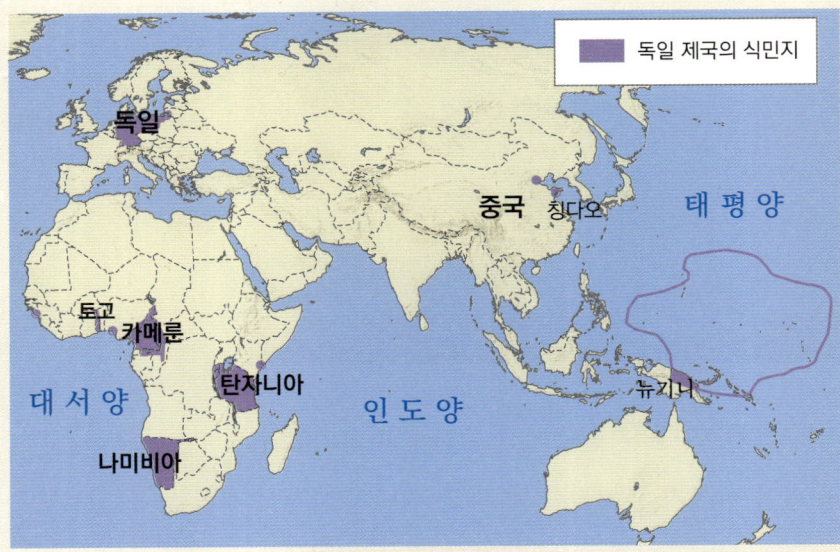

← 독일의 해외 식민지

독일 정부는 유럽 내부에서의 외교 관계를 이유로 식민지 개척을 자제했지만, 해외 식민지가 하나도 없는 건 아니었어. 독일 기업가와 국민이 식민지를 워낙 거세게 요구했기 때문이야. 그래서 대부분의 독일 식민지는 국가가 아니라 기업이 앞장서서 건설했단다.

독일이 확보한 식민지는 독일 본국 면적의 1.5배나 됐어. 오늘날 서아프리카의 카메룬, 토고, 남아프리카의 나미비아, 동아프리카의 탄자니아 등이 독일의 식민지가 되었지. 또 1898년에는 중국의 칭다오를 조계지로 얻어 내 지배하기도 했단다. 하지만 독일의 식민지는 대부분 별 자원도 없고, 사람이 살기에도 적합하지 않은 곳이라 독일은 식민 지배를 통해 큰 이득을 보지는 못했어.

↑ 칭다오
독일이 중국에서 얻어 낸 조계지야. 오늘날 이곳에서는 19세기에 지어진 유럽식 건물을 많이 찾아볼 수 있어.

↑ 나미비아의 뤼데리츠에 있는 기차역
1800년대 말에 아프리카의 자원을 캐내기 위해 지은 기차역이야.

독일이 통일된 뒤로 서쪽과 북쪽으로는 더 이상 진출하기가 쉽지 않았어. 그래서 남동쪽인 발칸반도 쪽으로 세력을 넓힐 수밖에 없었지. 이런 상황 때문에 독일은 베를린 회의에서 러시아나 오스트리아-헝가리 제국 중에 어느 한쪽 편을 들어 주어야 했던 거야."

"친한 친구끼리 싸움이 났는데 어느 한쪽 편을 들어 줘야 했다, 이거죠?"

나선애가 재빠르게 정리하자 용선생은 고개를 끄덕였다.

"바로 그거야. 비스마르크는 아마 열심히 머리를 굴렸을 거야. 만일 독일이 러시아 편을 들었다면, 일단 영국과 사이가 나빠졌겠지. 오스트리아-헝가리 제국도 배신감을 느꼈을 거야. 그럼 오스트리아-헝가리 제국과 영국이 손을 잡고 독일에 등을 돌리는 일이 벌어질 수도 있어. 여기에 독일의 철천지원수인 프랑스까지 끼어들어 세 나라가 한편이 된다면? 그럼 비스마르크가 상상도 하기 싫은 일이 벌어져. 그래서 독일은 궁여지책으로 러시아를 배신하는 길을 택한 거지."

"으흠, 그러다 러시아가 화가 나서 영국이나 프랑스랑 동맹을 맺을 수도 있잖아요."

"그럴 가능성은 매우 낮아. 영국은 러시아의 대표적인 적국이었고, 나폴레옹 전쟁 이후 프랑스와 러시아 사이도 줄곧 나빴거든. 비스마르크는 러시아가 토라진다 해도 어차피 기댈 수 있는 강대국은 독일밖에 없다고 판단했단다."

"국제 관계와 역사를 잘 알고서 내린 결정이었군요."

"흐흐. 그렇다고 해서 독일이 가만히 있었다는 뜻은 아니야. 비스마르크는 꾸준히 러시아를 달래며 동맹으로 돌아오라고 설득했어. 그

궁여지책 막힐 궁(窮) 남을 여(餘) 갈 지(之) 꾀 책(策). 막다른 골목에서 상황을 헤쳐 나가려고 생각다 못하여 짜낸 꾀를 가리켜.

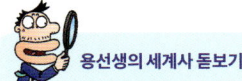

프랑스와 러시아의 사회 분위기는 매우 달랐어. 프랑스는 프랑스 대혁명 이후 시민의 자유와 인권을 중요시하는 사상이 꾸준히 발전했어. 반면, 러시아는 여전히 차르가 절대 권력을 누렸고 자유주의 사상이 퍼지는 것을 크게 경계했지.

덕에 러시아는 고작 3년 만에 삼제 동맹으로 되돌아왔지. 비스마르크는 이것만으로는 안심이 안 되었는지 1년 뒤 이탈리아, 오스트리아-헝가리 제국과 새로 삼국 동맹을 맺어 대외 관계를 이중, 삼중으로 돈독히 했단다."

"참 꼼꼼한 사람이네요. 그렇게 동맹을 많이 만들다니……."

"그 뒤로도 비스마르크는 여러 나라 사이에서 균형을 잡고 좋은 관계를 유지하기 위해 끊임없이 노력했어. 하지만 1888년, 독일에 새로운 황제 빌헬름 2세가 등장하면서 이 모든 노력은 물거품이 됐지."

 **용선생의 핵심 정리**

유럽 한복판에 위치한 독일은 프랑스를 제외한 모든 국가와 친밀하게 지내는 외교 전략을 사용함. 그러나 1878년 베를린 회의에서 오스트리아-헝가리 제국이나 러시아 중 한 나라의 손을 들어 줘야 했고, 위험이 덜한 러시아를 배신하는 것을 택함.

독일이 외교 전략을 바꾸며
유럽의 세력 균형이 변화하다

"새 황제가 어떻게 했길래요?"

"빌헬름 2세는 독일이 혼자서도 세계 제1의 강대국이 될 수 있다고 생각했어. 그래서 여러 나라의 눈치를 보는 비스마르크의 외교 전략이 못마땅했지. 빌헬름 2세는 이미 나이 든 비스마르크를 수상에서 물러나게 한 뒤 독일의 외교 전략을 완전히 갈아엎었단다. 일단 러시아와의 동맹 관계를 완전히 끊어 버렸어."

↑ 빌헬름 2세
(1859년~1941년) 서른 살의 젊은 나이에 즉위한 빌헬름 2세는 군대를 키우고 식민지를 넓혀 독일을 세계 강대국으로 만들고 싶어했어.

"그래도 돼요?"

"사실 삼제 동맹이 다시 맺어진 뒤로도 오스트리아-헝가리 제국과 러시아는 발칸반도에서 계속 부딪쳤거든. 독일 입장에서는 두 나라 사이에서 계속 균형을 잡기가 곤란했어. 어차피 러시아가 프랑스나 영국과 동맹을 맺을 가능성은 적으니, 아예 무시하기로 한 거지."

"그럼 러시아만 혼자 남은 거네요."

"근데 뜻밖의 일이 벌어졌어. 독일과 러시아 사이가 멀어지자 프랑스가 러시아와 동맹을 맺은 거야. 두 나라는 만일 독일의 침략을 받을 경우 서로를 돕겠다고 약속했고, 프랑스는 러시아의 산업 발전을 위해서 많은 돈을 투자했어. 이로써 비스마르크가 힘들게 지켜 온 외교 전략은 크게 어긋나고 말았지. 적국인 프랑스에 동맹이 생겼으니까 말이야."

"그럼 빌헬름 2세도 마음을 바꿔 먹었겠죠?"

"아니, 독일과 러시아가 동맹을 끊었다고 해도 두 나라 사이가 갑

러시아와 독일이 성장하며 유럽에 긴장이 커지다 **109**

자기 확 나빠지진 않았어. 예를 들면, 1895년 청일 전쟁이 끝났을 때 독일은 러시아, 프랑스와 힘을 합쳐 일본이 차지한 랴오둥반도를 청나라에 돌려주도록 일본에 압력을 가하기도 했지. 이렇게 아직은 서로의 이득을 잘 따져 가며 협력도 하고 대립도 했단다."

"어휴, 복잡하네요."

"그리고 러시아와 프랑스는 오히려 영국을 더욱 적대했단다. 이때 영국은 아프리카에서 프랑스와 식민지 확장 경쟁을 펼치는 중이었고, 동아시아에서도 러시아의 확장을 막기 위해 신경전을 벌였거든."

> 용선생의 세계사 돋보기
>
> 1885년에는 러시아의 남하를 막기 위해 한반도의 거문도를 점령했고, 1898년에는 아프리카의 파쇼다에서 프랑스와 충돌하기도 했어.

"영국, 프랑스, 독일 같은 유럽 나라끼리는 친하게 지낼 줄 알았더니, 그것도 아니네요."

"그럼, 유럽의 열강은 세계를 놓고 경쟁하는 라이벌이었는걸. 그래서 아까도 말했잖니? 영국은 어떤 동맹도 만들지 않았다고 말이야. 근데 빌헬름 2세 때문에 영국이 지켜 온 외교 정책도 바뀌게 돼."

"빌헬름 2세가 또 무슨 일을 했는데요?"

"영국 따라잡기에 나섰어. 독일은 특히 영국에 맞먹는 해군을 만들겠다며 거대한 항구와 조선소를 건설하고 군함을 만들어 내기 시작했지."

"헉, 그럼 영국도 가만있진 않았겠죠?"

"당연하지. 영국 사람들은 다른 건 몰라도 해군만큼은 영국이 세계 최강이어야 한다고 생각했거든. 그래서 독일에 따라잡힐세라 조선소를 세우고 더욱 거대한 배를 만들기 시

▲ 영국의 드레드노트 전함 드레드노트는 군비 경쟁 시기 탄생한 당대 최강의 전함이었단다. 거대한 대포를 여러 개 달고 있어서 먼 거리에서도 적 군함을 공격할 수 있었지.

◀ **독일 함대를 살펴보는 빌헬름 2세와 함대 협회 광고 엽서** 빌헬름 2세는 함대 건조를 장려하기 위해 함대 협회를 만들어 수시로 시찰을 나갔어.

작했어. 두 나라가 전함을 어찌나 많이 만들었는지 나중에는 나라 예산이 거덜 날 지경이었지. 일단 영국과 독일 사이에 경쟁이 붙자 곧이어 미국, 프랑스, 러시아, 오스트리아-헝가리 제국까지 이 경쟁에 끼어들었단다."

▲ 독일과 영국에서 건조한 전함 수

"무슨 철부지 애들도 아니고, 서로 전함을 많이 만들려고 경쟁을 하다니."

영심이가 인상을 찌푸리며 말했다.

"여기서 끝이 아니었어. 1800년대 말이면 석유가 중요한 자원으로 떠올랐어. 그런데 오스만 제국이 지배하는 서아시아 지역에 석유가 엄청나게 매장돼 있다는 게 밝혀진 거야. 빌헬름 2세는 재빠르게 오스만 제국에 접근해 이스탄불에서 바그다드에 이르는 철도를 건설해 주겠다고 나섰어. 총 길이 3,200킬로미터가 넘는 긴 노선이었지."

"철도를 건설해서 석유를 끌어올 생각이었군요?"

"석유만 끌어오겠니? 이왕 건설하는 김에 서아시아의 지

▲ **군비 경쟁 풍자화** 강력한 해군을 갖추기 위해 경쟁하는 열강의 모습을 풍자한 그림이야. 탁자 아래에 저마다 더 큰 배들을 늘어놓고 있지.

용선생의 세계사 돋보기

독일과 오스만 제국의 관계는 베를린 회의 이후로 줄곧 좋았어. 독일이 러시아의 남하를 막아주었기 때문이야. 또 영토를 차지해 식민지를 넓히려는 영국과 달리 독일은 경제적 이득에만 관심을 두었기 때문이기도 해.

하자원도 함께 긁어 올 속셈이었지. 오스만 제국은 독일의 제안을 흔쾌히 받아들였어. 어차피 산업화를 해 나가려면 철도가 필요했으니까. 영국도 오스만 제국에 철도를 건설해 주겠다고 나섰지만 독일에 밀리고 말았지."

"영국은 석유를 놓쳐 영 못마땅했겠군요."

"흐흐, 석유도 문제였지만, 더 큰 문제가 있었지. 지도를 보렴. 만일

세일러복이 합창단 유니폼이 된 까닭은?

제국주의 시대 유럽의 열강은 너나없이 강력한 해군을 갖추길 원했어. 세계 곳곳에 식민지를 건설하고 보호하기 위해서는 해군이 꼭 필요했거든. 그래서 한 나라가 보유하고 있는 전함의 수는 곧 그 나라의 국력을 나타내는 상징이기도 했지.

그래서 유럽에서는 해군의 선원이 입던 제복이 유행했단다. '선원'을 영어로 '세일러(Sailor)'라고 부르기 때문에 선원의 제복을 세일러복이라고 해. 영국의 빅토리아 여왕은 아들 앨버트 왕자에게 종종 세일러복을 입혔어. 세일러복을 입고 뛰어다니는 꼬마 왕자의 모습에 반한 영국 국민은 너도나도 자기 아이에게 세일러복을 입히기 시작했지.

이후 세일러복 유행은 전 세계로 퍼져 나갔어. 1924년에는 오스트리아의 빈 소년 합창단의 공식 유니폼이 되었지. 오늘날엔 여학생 교복 디자인에도 도입되어 많은 학생들이 입고 있단다.

↑ **해군 제복을 입은 군인**

↑ **세일러복을 입은 앨버트 왕자**
앨버트 왕자가 입은 세일러복은 유럽은 물론 전 세계에 유행했어.

→ **빈 소년 합창단** 전 세계적으로 인기 있는 빈 소년 합창단은 유니폼으로 세일러복을 입어.

베를린에서 바그다드까지 철도가 연결되면 어떻게 될까? 그럼 독일에서 이스탄불, 바그다드를 거쳐 페르시아만을 통해서 인도로 가는 길이 열리게 돼."

"아하, 또 인도가 문제로군요!"

"영국은 인도를 계속 차지하기 위해 인도의 콜카타로 가는 주요 길목인 이집트의 카이로, 남아프리카의 케이프타운을 철저히 지켰어. 카이로와 케이프타운을 잇는 철도도 건설할 계획이었지. 근데 독일이 그 틈새를 비집고 들어온 거야. 그래서 빌헬름 2세가 철도 건설 계획을 실행에 옮길수록 영국과의 관계는 점점 나빠질 수밖에 없었단다."

▲ 영국과 독일의 세력 팽창 정책

"이대로 가다가는 독일이랑 영국이 전쟁이라도 하게 되겠네요."

"하지만 영국은 독일과 맞설 자신이 없었어. 영국은 독일뿐 아니라 러시아, 프랑스도 상대해야 했으니까. 엎친 데 덮친 격으로 1899년에는 남아프리카 전쟁이 터졌는데, 영국군은 영국보다 국력이 많이 약한 보어인에게 3년 동안이나 쩔쩔매며 망신을 당했지. 남아프리카 전쟁을 겪으며 영국의 자신감은 크게 꺾였어. 결국 영국은 수십 년을 지켜 온 외교 전략을 바꿨단다. 중립을 깨고 영국과 함께 싸울 동맹국을 만든 거야. 그 첫 상대가 다름 아닌 일본이었지."

 용선생의 세계사 돋보기

이런 영국의 정책을 인도의 중심지인 콜카타, 아프리카의 카이로와 케이프타운의 앞머리 글자를 따서 '3C정책'이라고 부르기도 해. 반면 독일의 철도 건설 정책은 베를린-이스탄불(비잔티움)-바그다드의 앞머리를 따서 '3B정책'이라고 불렀지.

"쳇, 왜 하필 첫 상대가 일본이람?"

"동아시아에서 러시아를 상대하기 위해서였다고 하셨죠?"

장하다가 투덜대며 말하자 나선애가 재빠르게 대답했다.

▲ 1900년대 초 당시 아프리카의 기차역
▶ 빅토리아 폭포를 가로지르는 다리
영국은 아프리카를 남북으로 가로질러 카이로와 케이프타운을 연결하려는 철도 계획을 세웠지만 실행에 옮기지 못했어. 이 다리도 그 계획 때문에 건설됐단다.

"그래. 영국이 일본을 동맹으로 삼은 뒤 얼마 지나지 않아서 러일 전쟁이 터졌어. 영국은 러일 전쟁에서 일본을 지원하며 큰 이득을 봤지. 배 한 척 사용하지도 않고 러시아를 동아시아에서 완전히 쫓아냈거든. 그뿐만 아니라 러시아 해군의 힘을 쭉 빼놓았어. 동맹으로 재미를 톡톡히 본 영국은 뒤이어 두 번째 동맹국을 찾았단다. 상대는 바로 프랑스였어."

"프랑스요? 프랑스는 영국이랑 사이가 영 안 좋잖아요."

"여태까지는 그랬지. 하지만 두 나라 모두 독일과 맞설 때 도움이 될 만한 동맹국이 필요했어. 물론 프랑스는 러시아와 동맹 관계였지만, 아무래도 러시아는 큰 도움이 될 것 같질 않았거든. 러일 전쟁에서 러시아가 허무하게 패배하는 걸 보고 크게 실망한 거야."

"그런데 영국과 프랑스가 손을 잡았으니, 암만 독일이라도 정말 옴짝달싹 못 하겠는걸요."

왕수재의 말에 용선생이 고개를 끄덕였다.

◀ 영국-프랑스 동맹 기념 카드

1908년에 열린 박람회에서 영국-프랑스 동맹을 기념해 발행된 엽서야. 두 나라를 상징하는 인물들이 국기를 맞대고 있어.

"독일도 위기를 느꼈어. 하지만 수백 년 동안 라이벌이었던 영국과 프랑스가 갑자기 끈끈한 동맹이 될 리는 없다고 생각했지. 빌헬름 2세는 두 나라 관계를 흔들어 놓을 꾀를 냈단다."

"어떤 방법인데요?"

"때마침 프랑스는 모로코를 침략해 식민지로 삼으려 했어. 빌헬름 2세는 직접 모로코를 방문해서 '모로코의 독립을 지원한다.'고 선언했단다. 프랑스가 반발하자, 독일은 전쟁을 벌이겠다며 프랑스를 위협했어."

"그런다고 영국과 프랑스 관계가 틀어져요?"

"빌헬름 2세는 독일과 프랑스 사이에 진짜 전쟁이 터질 것처럼 위기를 만들면, 영국이 프랑스를 돕기 싫어서라도 동맹을 먼저 끊을 거라고 생각했단다. 영국이 프랑스를 위해 피까지 흘리지는 않을 거라고 생각한 거지."

"머리 좀 많이 썼는데요. 그래서 영국이 정말 동맹을 끊었나요?"

용선생의 세계사 돋보기

이 사건을 모로코 사건이라고 해. 모로코는 에스파냐와는 지브롤터 해협을 두고 마주 보고 있어. 지중해와 대서양을 잇는 교통 요충지에 있어서 프랑스 뿐만 아니라 독일도 이곳을 차지하려 했어.

▲ 모로코의 위치

▶ 모로코를 방문한 빌헬름 2세
사진 중앙에 칼을 차고 군복을 입고 있는 남자가 빌헬름 2세 란다.

"아니야. 빌헬름 2세의 예상은 완전히 빗나갔어. 영국은 철저히 프랑스 편을 들었지. 그래서 독일은 에스파냐에서 회의를 열고 여러 열강을 초청해서 모로코 문제를 해결하기로 했단다. 열강 사이의 회의를 통해 프랑스를 막으려 한 거지. 옛날 베를린 회의에서 러시아를 막은 것처럼 말이야. 그런데 이게 웬걸? 회의에 참석한 나라들이 거의 다 프랑스 편을 드는 거야. 심지어 동맹국인 이탈리아마저 프랑스 편이었고, 오직 오스트리아-헝가리 제국만 독일 편에 섰지. 결국 프랑스는 모로코를 차지하게 됐고, 영국과 프랑스 사이의 동맹은 더욱 굳건해졌어."

"아이고, 독일이 완전히 따돌림을 받는 신세가 됐네요."

"이게 다 빌헬름 2세가 외교 전략을 바꾸는 바람에 생긴 일이었어. 아무튼 모로코 사건으로 자신감을 얻은 프랑스는 1907년에 자신의 두 동맹국인 영국과 러시아의 화해까지 이끌어 냈단다."

"둘이 그렇게 죽어라 싸우더니 이젠 화해를 한다고요?"

"어차피 러시아는 러일 전쟁 이후의 극심한 혼란 때문에 더 이상 영국의 상대가 아니었거든. 더구나 영국, 프랑스와 동맹을 맺는다면 독일의 방해를 뚫고 발칸반도로 남하할 계획을 세워 볼 수도 있었지. 이로써 영국-프랑스-러시아가 동맹으로 똘똘 뭉쳐서 독일과 맞서게 된 거야. 이 세 나라의 동맹을 '삼국 협상'이라고 해."

"와, 그럼 독일은 혼자서 그 세 나라를 다 상대해야 해요?"

"그건 아니야. 비스마르크 시절 오스트리아-헝가리 제국, 이탈리아와 맺은 '삼국 동맹'이 아직 이어지고 있었거든. 하지만 삼국 동맹은

> **용선생의 세계사 돋보기**
>
> 이 세 나라는 군사 동맹이 아니라 서로의 식민지 갈등을 의논해서 해결하는 '협상' 형식으로 동맹을 맺었어. 그래서 삼국 협상이라고 부르는 거야.

← 삼국 협상 홍보 포스터
1914년 러시아에서 만든 포스터야. 왼쪽은 프랑스, 가운데는 러시아, 오른쪽은 영국을 의미하지.

러시아와 독일이 성장하며 유럽에 긴장이 커지다

영 미덥질 못했어. 오스트리아-헝가리 제국은 영국이나 프랑스 같은 강국과 견주기에는 아무래도 국력이 약했고, 이탈리아는 동맹이긴 한데 독일에 그다지 협조적이지 않았어. 모로코 사건 때도 이탈리아는 프랑스 편을 들었잖아?"

"어휴, 아무래도 독일이 이래저래 불리해졌네요."

> **용선생의 핵심 정리**
>
> 빌헬름 2세는 외교 정책을 바꾸어 러시아와의 동맹을 깨고, 영국을 따라잡기 위해 해군을 늘리고, 베를린에서 바그다드까지 연결하는 철도 건설을 계획함. 독일의 팽창에 맞서 영국-프랑스-러시아가 동맹을 맺으며 삼국 협상이 등장함.

유럽의 화약고가 된 발칸반도

↑ 1908년의 발칸반도 풍자화
오스트리아와 불가리아가 각각 영토를 떼어 가는 모습을 오스만 제국의 술탄이 팔짱을 낀 채 불만스럽게 바라보고 있어.

"자, 유럽의 세력 균형이 이렇게 바뀌어 갈 때, 다시 문제가 발생했어. 이번에도 문제가 된 건 발칸반도였지."

"발칸반도는 왜 그렇게 문제가 잦죠?"

"발칸반도의 대부분은 여전히 오스만 제국이 지배했는데, 오스만 제국에서 혼란이 계속됐기 때문에 덩달아 문제가 생긴 거야. 특히 1908년에는 젊은 장교와 학생이 주축이 된 청년 튀르크당이 혁명을 일으켜서 정부를 뒤엎었어. 이때 발칸반도에서도 큰 변화가 일어났단다."

"무슨 변화요?"

"일단 형식상 오스만 제국의 속국이었던 불가리아가 완전히

독립했어. 그리고 역시 형식상 오스만 제국의 영토이지만 오스트리아-헝가리 제국이 관리하던 보스니아를 오스트리아가 완전히 차지해 버렸지."

"오스만 제국 영토가 더 많이 줄어든 거네요."

"오스만 제국 입장에서는 어차피 반쯤 이미 잃어버린 영토였으니까 그다지 놀랄 일은 아니었어. 정작 불안해진 나라는 따로 있단다. 바로 러시아야. 오스트리아-헝가리 제국이 보스니아를 삼킨 김에 발칸반도의 다른 독립국까지 삼켜 버릴까 봐 걱정이 된 거지."

"그래서 발칸반도가 문제가 된 거군요!"

"응. 러시아는 일단 발칸반도의 여러 독립국을 모아서 동맹을 맺도록 주선했단다. 힘을 합치면 오스트리아-헝가리 제국의 침입을 막기가 좀 더 수월할 테니까. 이렇게 해서 1912년에는 세르비아와 불가리아, 그리스 등 발칸반도의 여러 독립국이 모여서 '발칸 동맹'을 결성했어. 발칸 동맹은 곧 오스만 제국에 전쟁을 선포했지."

"엥? 오스트리아-헝가리 제국이 아니라 오스만 제국이랑 싸워요?"

"발칸 동맹은 오스만 제국을 완전히 몰아내고 발칸반도를 되찾을 생각이었어. 때마침 이탈리아 군대가 <u>북아프리카로 쳐들어가</u> 오스만 제국 군대를 궁지에 몰아넣고 있어서, 오스트리아-헝가리 제국보다

↑ 이탈리아-튀르크 전쟁과 제1차 발칸반도 전쟁

용선생의 세계사 돋보기

1911년, 이탈리아는 북아프리카에 식민지를 만들기 위해 오스만 제국이 지배하던 북아프리카 지역을 공격했어.

▲ 진격하는 불가리아군
제1차 발칸 전쟁에서 오스만 제국군과 싸우는 불가리아군의 모습이야.

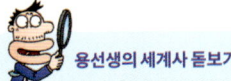

용선생의 세계사 돋보기

1913년 6월부터 7월 사이에 벌어진 제2차 발칸 전쟁을 가리켜. 제1차 발칸 전쟁으로 획득한 마케도니아 땅을 두고 세르비아와 불가리아 왕국이 전쟁을 벌였어.

▲ 그리스 전함 게오르기오스 아베로프
그리스는 발칸 동맹으로 발칸 전쟁에 참전해 오스만 제국 해군에게 대승을 거뒀어.

는 오스만 제국이 훨씬 만만했거든."

"그래도 오스만 제국인데…… 이제 막 독립한 나라들한테 그렇게 쉽게 질까요?"

"천만에. 힘이 빠진 오스만 제국은 발칸 동맹에게 연전연패를 거듭했어. 결국 평화 협상에서 오스만 제국은 발칸반도와 에게해의 수많은 섬까지 전부 다 내놓아야 했지."

"어휴, 오스만 제국은 이제 완전히 동네북이네요."

"발칸 전쟁이 이렇게 대승으로 끝나자 발칸반도에 사는 슬라브인들은 한껏 들떴단다. 수백 년 만에 오스만 제국을 완전히 몰아내고 독립을 이루었으니 그럴 만도 했지. 이제는 발칸반도에 발을 뻗으려 하는 다른 외국 세력도 완전히 몰아내고 슬라브인의 독립국을 세워야 한다는 목소리가 점점 커졌어. 특히 이런 움직임에 앞장선 나라가 세르비아였단다."

"세르비아요?"

"응. 세르비아는 발칸 전쟁을 통해서 영토를 가장 크게 넓힌 나라였고, 발칸 전쟁이 끝난 이후에는 또다시 전쟁을 벌여서 라이벌 불가리아를 찍어 누르기까지 했거든. 그리고 무엇보다 슬라브인의 큰형님인 러시아와 관계가 좋았어."

"끙. 결국 또 러시아가 문제였군요."

"세르비아는 러시아를 등에 업은 채 강대국으로 성장하려고 했단다. 그때 가장 크게 방해가 되는 게 다름 아닌 오스트리아-헝가리 제국이었지. 세르비아는 오스트리아-헝가리 제국이 삼킨 보스니아 지방을 탐냈어. 보스니아는 세르비아의 바로 이웃 지방인 데다가 세르비아와 왕래도 잦아서 세르비아 사람들이 엄청 많이 살고 있었거든. 문제는 보스니아를 점령한 오스트리아-헝가리 제국의 등 뒤에는 독일이 있다는 거지."

"그럼 오스트리아-헝가리 제국이랑 독일이 한편, 세르비아랑 러시아가 한편인 거네요?"

"맞아. 만약 오스트리아-헝가리 제국과 세르비아 사이에 전쟁이라도 터지면 곧장 독일과 러시아도 전쟁을 할 수 있었어. 근데 아까 러시아는 영국, 프랑스와 동맹을 맺었다고 했지?"

"그럼 러시아가 전쟁을 시작하면 영국이랑 프랑스도 끼어들겠네요?"

"그래. 영국과 프랑스가 끼어들면 전쟁은 전 세계로 번지게 돼. 영국과 프랑스가 전 세계에 식민지를 가지고 있기 때문이야. 발칸반도에서 벌어진 전쟁이 전 세계로 번질 수 있는 거지. 이때부터 발칸반도는 언제 터질지 알 수 없는 '유럽의 화약고'라고 불리기 시작했어."

"설마 그런 식으로 세계 전쟁이 터지겠어요?"

▲ 마케도니아 수도 스코페로 들어가는 페타르 1세

◀ 페타르 1세
(재위 1903년~1918년) 신생 독립국 세르비아의 국왕이야. 발칸 동맹과 발칸 전쟁을 주도해 세르비아를 발칸반도의 강국으로 성장시켰어.

▼ 발칸 전쟁 이후의 발칸반도

러시아와 독일이 성장하며 유럽에 긴장이 커지다

영심이가 황당하다는 듯 말하자 용선생은 심각하게 말을 이었다.

"유럽인들도 설마 그런 일은 생길 리가 없다고 생각했지. 사실 영국, 프랑스, 독일, 러시아 같은 강대국이 서로를 상대로 직접 전쟁을 벌인 건 굉장히 오래됐거든. 특히 서유럽에서는 1871년의 프로이센-프랑스 전쟁 이후 40년이 넘도록 큰 전쟁이 터지지 않았어. 그래서 다들 막연하게 어떻게든 평화가 이어질 거라고 생각했지. 하지만 모두가 그렇게 마음을 놓고 있는 사이에도 발칸반도의 갈등은 점점 커져 갔단다. 그 이야기는 다음 시간에 계속하자. 오늘은 여기까지!"

용선생의 핵심 정리

러시아는 오스트리아-헝가리 제국의 세력을 막기 위해 발칸 동맹을 조직하고, 발칸 동맹은 오스만 제국에게서 발칸반도를 빼앗음. 이후 세르비아가 강국으로 떠오르며 오스트리아-헝가리 제국과 갈등이 커졌고, 발칸반도는 언제 터질지 모르는 유럽의 화약고가 됨.

나선애의 정리노트

1. 러시아의 팽창을 좌절시킨 크림 전쟁
- 영국은 강력한 해군력으로 유럽의 세력 균형을 유지하며 러시아의 성장을 견제함.
- 러시아는 자유주의를 탄압하고 산업화에 뒤처지며 점차 쇠퇴함.
  → 크림 전쟁에서 영국-프랑스 연합군에 대패해 흑해 진출에 실패

2. 러시아의 개혁 정책과 팽창
- 알렉산드르 2세는 농노 해방령을 비롯한 다양한 개혁 정책으로 러시아를 발전시킴.
- 연해주와 부동항 블라디보스토크를 얻고, 중앙아시아 일부까지 영토를 넓힘.
  → 발칸반도를 얻으려고 전쟁을 벌여 이겼으나, 베를린 회의로 이득을 상실함.

3. 독일의 외교 전략과 유럽의 세력 균형
- 비스마르크는 프랑스를 제외한 모든 강대국과 친하게 지내며 평화를 유지하려 함.
- 빌헬름 2세는 기존 외교 전략을 바꾸고 베를린에서 바그다드까지 연결하는 철도 건설을 계획하다 유럽에서 고립됨.
  → 영국, 프랑스, 러시아가 삼국 협상을 맺으며 독일에 대항함.

4. 유럽의 화약고가 된 발칸반도
- 발칸 동맹은 제1차 발칸 전쟁에서 승리해 오스만 제국을 완전히 몰아냄.
- 세르비아와 오스트리아-헝가리 제국의 갈등이 커짐.
  → 전 세계가 말려드는 전쟁 가능성이 커짐!

세계사 퀴즈 달인을 찾아라!

1 크림 전쟁에 대한 설명으로 옳은 것은? ( )

① 전쟁 결과 러시아는 크림반도를 차지했다.
② 전쟁 당시 러시아의 농노는 모두 해방된 상태였다.
③ 크림 전쟁에서 승리한 러시아는 흑해 진출에 성공했다.
④ 영국과 프랑스는 오스만 제국을 도와서 러시아와 싸웠다.

2 다음 인물의 업적으로 옳지 않은 것은? ( )

농노 해방령을 발표하고 러시아의 산업화를 이루기 위해 노력한 차르야.

① 중앙아시아로 팽창을 시도했다.
② 아편 전쟁을 중재하여 연해주를 얻었다.
③ 베를린 회의를 통해 발칸반도의 지배권을 얻었다.
④ 지방에 관리를 파견하고 의회를 설립하는 등 다양한 개혁 정책을 실시했다.

3 독일의 외교 전략과 그 결과에 대해 <u>잘못</u> 설명한 친구는? ( )

 ① 독일의 모로코 독립 지원 이후 삼국 협상이 등장하게 되었어.

 ② 빌헬름 2세가 기존 외교 전략을 바꾸는 바람에 유럽에서 고립되었어.

 ③ 비스마르크는 프랑스를 제외한 모든 국가와 친밀하게 지내려고 노력했어.

 ④ 베를린에서 바그다드까지 연결하는 철도 건설을 계획하여 영국과 사이가 좋아졌어.

4 다음 중 서로 관련 있는 것들을 바르게 연결해 보자.

① 삼국 동맹 •   • ㉠ 영국, 프랑스, 러시아

② 삼국 협상 •   • ㉡ 독일, 이탈리아, 오스트리아-헝가리 제국

5 다음 사건들을 일어난 순서대로 써 보자.

㉠ 크림 전쟁
㉡ 삼국 협상 결성
㉢ 1878년 베를린 회의
㉣ 빌헬름 2세의 황제 즉위

(- - -)

6 다음 빈칸에 들어갈 국가 이름으로 알맞은 것은? ( )

발칸 전쟁에서 승리한 ㉠ 는 영토를 가장 크게 넓히며 발칸의 강대국으로 성장했다. 그 후 ㉠ 는 보스니아를 차지한 ㉡ 를 몰아내려고 했다. 보스니아를 둘러싸고 두 나라의 갈등이 심해지자, 이들과 동맹을 맺은 유럽 여러 나라들까지 엮이며 발칸반도는 언제 전쟁이 터질지 모르는 유럽의 화약고가 되었다.

	㉠	㉡
①	세르비아	오스트리아
②	오스트리아	세르비아
③	러시아	프랑스
④	프랑스	러시아

정답은 223쪽에서 확인하세요!

> 용선생 세계사 카페

프랑스를 뒤흔든 드레퓌스 사건

1894년, 프랑스에서 알프레드 드레퓌스라는 육군 대위가 간첩 혐의로 체포되었어. 드레퓌스는 독일에 프랑스의 군사 기밀을 넘긴 죄로 무기 징역을 선고받고 외딴섬의 감옥에 갇혔지. 그런데 2년 뒤, 드레퓌스 사건의 유일한 증거였던 드레퓌스의 편지가 조작된 것이라는 사실이 밝혀졌단다. 드레퓌스 사건은 곧 거대한 소용돌이가 되어 프랑스 사회 전체를 뒤흔들었어. 과연 프랑스에 무슨 일이 있었던 걸까?

▲ 알프레드 드레퓌스 (1859년~1935년) 드레퓌스 사건으로 간첩 혐의를 쓰고 프랑스 사회를 발칵 뒤집어 놓은 인물이야.

과격한 민족주의가 낳은 반유대주의

▲ 체포당하는 드레퓌스 프랑스 정부는 드레퓌스의 장교 신분을 박탈하고, 장교의 상징인 칼도 부러뜨렸어.

프랑스 국민들은 1871년 프로이센-프랑스 전쟁의 패배로 자존심에 큰 상처를 입었어. 알짜배기 땅인 알자스와 로렌을 내어 주고 거액의 전쟁 배상금을 물어내야 하는 것도 문제였지만, 그보다는 수백 년 넘게 지켜 온 '유럽 최강국' 지위가 이 전쟁을 계기로 독일에 넘어가게 되었기 때문이지. 더구나 독일의 비스마르크는 유럽 각국과의 외교 관계를 세심하게 조정하여 수십 년 동안이나 프랑스를 옴짝달싹 못 하도록 고립시켰단다.

이때부터 프랑스에서는 서서히 과격한 민족주의가 자라났어. 일단 '프랑스인이 힘을 합쳐 독일에 복수해야 한다.'는 의식이 무럭무럭 커졌고, 그와 함께 프랑스 사회에서 활동하는 이방인에 대한 혐오가 커졌지. 그중에서

◀ 프랑스 언론에 실린 유대인 만평
유대인을 지구의 어두운 곳에 숨어서 돈을 긁어내는 탐욕스러운 모습으로 묘사했어.

◀ 악마로 묘사된 드레퓌스
반유대주의 광풍 속에서 유대인 드레퓌스는 프랑스의 배신자, 처단해야 할 악마로 취급받았어.

도 대표적인 타깃이 바로 유대인이었어.

나라 없는 민족 유대인은 중세 시대 이래로 유럽 곳곳에서 철저히 따돌림을 받아 왔어. 하지만 프랑스는 여러 번의 혁명을 거치며 프랑스에 사는 유대인에게 프랑스인과 동등한 시민권을 보장해 주었어. 그래서 프랑스에서는 유럽의 다른 나라보다 유대인이 활발히 활동했지.

일부 유대인은 꾸준히 부를 쌓아서, 1800년대 말이면 이미 유럽 사회를 쥐락펴락하는 큰손으로 성장했어. 그렇다고 해서 유대인이 모두 부유했던 건 아니야. 대부분 평범한 유럽인과 다를 바 없이 살아갔지만, 일부 부유한 유대인이 있었다는 거지.

그런데도 프랑스의 일부 언론인은 탐욕스러운 유대인들이 전 세계를 지배하는 비밀 조직을 운영하고 있다고 주장했어. 이들이 경제를 장악해 프랑스의 서민을 착취하는 것은 물론이고, 군대까지 장악해 군사 기밀을 외국에 누설한다고 했지. 드레퓌스 사건은 이런 반유대주의에 크게 불을 붙였단다. 드레퓌스가 바로 유대인이었거든.

▲ 파리에 있는 드레퓌스 광장

<나는 고발한다>

드레퓌스 사건의 증거가 조작된 것으로 밝혀진 후에도 많은 프랑스 사람은 그 말을 믿지 않았어. 오히려 이 사건을 재조사해야 한다고 주장하는 사람이야말로 국익을 해치는 사람이라며 비난을 퍼부었지. 드레퓌스가 유대인이었기 때문에, 유대인의 무죄를 증명하기 위해 사건을 재조사하는 건 국가의 위신을 깎는 일이라고 여겼거든. 그래서 정부도 재조사는 없다며 강경하게 맞섰어.

하지만 프랑스 사회를 대표하는 주요 지식인들은 입을 모아 재조사를 요구했어. 특히 유명한 작가인 에밀 졸라는 신문에 <나는 고발한다>라는 글을 실어서 무조건 혐오만 내세우는 반유대주의를 강하게 비판했지. 이 글은 큰 논쟁을 불러일으켰단다. 프랑스 국민들은 에밀 졸라를 욕하며 신변을 위협했고, 프랑스 정부도 '국가를 모독했다'며 에밀 졸라를 체포하려 들었지. 그래서 에밀 졸라는 몇 년간 외국으로 도망가 있어야 했어.

↑ 에밀 졸라
(1840년~1902년)
당시 프랑스를 대표하는 언론인이자 작가였어.

↑ <나는 고발한다>가 실린 신문
에밀 졸라의 <나는 고발한다>는 프랑스 사회를 발칵 뒤집어 놓았지.

→ 에밀 졸라를 비난하는 프랑스 사람들
드레퓌스를 옹호한 에밀 졸라를 향해 프랑스 시민들이 야유를 퍼붓고 있어. 당시 프랑스 사회의 반유대주의가 얼마나 심했는지 잘 표현한 그림이야.

12년 만의 무죄 판결과 그 여파

드레퓌스 사건의 열기는 해가 갈수록 뜨거워졌어. 프랑스에서는 드레퓌스 사건을 두고 시민들이 논쟁을 벌이다 패싸움까지 심심찮게 벌일 정도였지. 하지만 영국과 미국 등 세계 각국의 시민들이 드레퓌스의 석방을 요구하자, 프랑스 정부는 드레퓌스에게 특별 사면을 내려 1899년 감옥에서 풀어 주었어. 그리고 1906년에는 재판을 통해 무죄를 선고했단다. 드레퓌스는 이후 군대로 돌아와 제1차 세계 대전 등 굵직한 전쟁에 참전했어. 국가의 부당한 탄압으로 오랜 세월 고생했지만 오히려 끝까지 프랑스에 충성을 바친 거야.

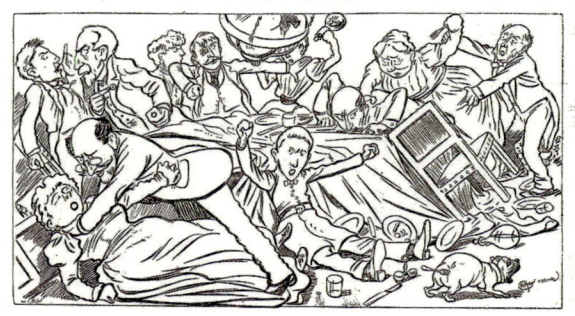

↑ **드레퓌스 논쟁을 다룬 만평** 드레퓌스 이야기가 나오는 순간 패싸움이 벌어지는 모습이야. 당시 프랑스 사회에서 드레퓌스 사건은 이렇게 뜨거운 논쟁거리였지.

하지만 드레퓌스 사건은 시작에 불과했어. 이후 프랑스를 비롯한 유럽 각국에서는 민족주의가 점점 강해지고, 국가의 이익을 위해 시민의 자유쯤은 희생해도 좋다는 식의 국가주의가 힘을 얻기 시작했지. 오늘날 드레퓌스 사건은 유럽 사회의 이런 변화를 맨 먼저 보여 주었던 사건으로 평가받는단다.

유대인들 역시 드레퓌스 사건에 큰 충격을 받았어. 프랑스는 시민 혁명의 중심지로, 세계 어느 나라보다 인권과 자유를 소중히 여기는 나라로 알려져 있었기 때문이야. 그러니 프랑스에서 터진 드레퓌스 사건은 세계에 유대인이 안전히 머물 수 있는 나라는 없다는 걸 증명한 셈이었지. 유대인들은 드레퓌스 사건 이후 '힘을 합쳐 유대인의 독립 국가를 만들어야 한다.'는 생각을 갖게 되었고, 이 움직임은 훗날 이스라엘 건국으로 이어졌단다.

용선생 세계사 카페

빅토리아 여왕이 유럽의 할머니라고?

1800년대 유럽의 여러 국가는 치열하게 외교전을 벌이면서 각자의 이득에 따라 때로는 동맹을 맺었고 때로는 갈등을 빚곤 했어. 그만큼 유럽 각국의 왕실 사이에서는 왕실 결혼이 활발하게 이루어졌지. 서로 서먹서먹한 국가끼리 친밀감을 빠르게 끌어올리려면 왕실 결혼만 한 수단이 없었거든.

특히 영국의 빅토리아 여왕은 자신의 딸과 손녀를 유럽 각국의 왕실에 시집보내서 '유럽의 할머니'라는 별명까지 얻었지. 그래서 1800년대 말에 이르면 유럽의 주요 국가의 왕실은 대부분 친척 관계였단다. 지도와 함께 각국 왕실이 어떤 식으로 관계를 맺었는지 살펴보도록 하자.

▲ 빅토리아 여왕의 가계도 빅토리아 여왕의 후손들을 나무로 표현한 그림이야. 빅토리아 여왕의 손주는 무려 42명, 증손주는 85명에 이른대.

▼ 빅토리아 여왕의 왕실 가족 초상화

앨버트 왕자(에드워드 7세)
첫째 왕자. 훗날 영국 국왕 에드워드 7세가 돼. 덴마크 국왕 크리스티안 9세의 사위이며, 노르웨이 국왕 호콘 7세의 장인이 되지. 영국 국왕이었던 엘리자베스 2세의 증조할아버지이기도 해.

알프레드 왕자
둘째 왕자. 훗날 러시아 차르 알렉산드르 2세의 사위이며 루마니아 국왕 페르디난트 1세의 장인이야. 영국 왕실에서는 종종 남자아이들도 치마를 입었어.

앨리스 공주
둘째 공주. 훗날 러시아의 마지막 차르 니콜라이 2세의 장모야.

빅토리아 공주
첫째 딸. 독일 황제 빌헬름 2세의 어머니이지. 그리스 국왕 콘스탄티노스 1세의 장모로, 그리스 국왕의 외할머니이기도 해.

3교시

최초로
세계 대전이 일어나다

유럽 열강 사이의 갈등이 나날이 커져 가던 1914년,
발칸반도의 사라예보에서 큰 사건이 일어났어.
오스트리아의 황태자가 암살자의 총에 맞아 목숨을 잃은 거야.
사라예보 사건을 계기로 독일과 러시아, 영국과 프랑스 등
유럽의 강대국이 차례로 전쟁에 뛰어들었고,
마침내 전 세계가 전쟁의 불길에 휩싸였지.
오늘은 제1차 세계 대전의 진행 과정과 그 영향을 살펴보자.

1914년	1916년	1917년	1918년	1919년
사라예보 사건	솜강 전투, 베르됭 전투	미국, 제1차 세계 대전 참전	러시아, 독일과 평화 조약 체결	호세 리살, 필리핀 민족 동맹 결성

제1차 세계 대전이 시작된 세르비아와 그 이웃 나라를 가다

세르비아와 보스니아 헤르체고비나는 제1차 세계 대전이 시작된 곳이야. 두 나라는 1991년까지 슬로베니아, 마케도니아, 크로아티아, 몬테네그로와 함께 '유고슬라비아 사회주의 연방 공화국'이라는 이름으로 한 나라를 이루고 있었어. 하지만 연방이 해체되며 4년간 치열한 내전을 겪었지. 오늘날에는 조금씩 안정을 되찾아 가고 있지만, 복잡한 민족 갈등은 여전히 남아 있기 때문에 아직도 '유럽의 화약고'라고 불려.

➜ **베오그라드에 남은 전쟁의 상처**
전쟁 도중 폭격으로 파괴된 건물이야. 내전의 아픔을 잊지 않기 위해 복구하지 않고 그대로 뒀어.

발칸반도의 중심이었던 세르비아

세르비아는 발칸반도 중앙부에 자리한 나라야. 국토 크기는 한반도의 3분의 1, 인구는 약 660만 명 정도. 여름은 고온 건조하지만, 겨울은 춥고 습해. 세르비아는 유고슬라비아 연방을 주도한 국가로 한때 발칸반도의 중심이었어. 그러나 연방 해체 이후 내전을 겪으며 산업 발전이 더딘 편이야. 세르비아는 경제 발전을 위해 유럽 연합(EU) 가입을 원하지만 코소보와의 갈등이 걸림돌이 되고 있어.

➜ 칼레메그단 요새
사바강과 도나우강의 합류 지점에 위치한 요새야. 수천 년간 도시를 지킨 역사적 장소로 베오그라드의 상징이지.

➜ 발칸반도의 교통 중심지 베오그라드
세르비아의 수도 베오그라드는 도나우강과 사바강 연안, 발칸반도의 중심부에 있는 교통의 중심지야. 옛 유고슬라비아의 수도이기도 했지.

경건하고 경쾌한 세르비아 문화

세르비아 국민의 약 85퍼센트는 세르비아 정교회 신자야. 그래서 일상생활에서도 세르비아 정교의 영향을 쉽게 살펴볼 수 있지. 한편으로 세르비아인은 흥겨운 음악을 즐기는 경쾌한 사람들이기도 해.

▲ 세르비아인의 정신적 지주 성 사바 대성당 세르비아 정교회 설립자를 기념하는 성당으로 발칸반도에서 가장 큰 정교회 건물이야.

▲ 유네스코 문화유산에 등재된 '슬라바'
슬라바는 가족을 지켜 주는 수호성인을 기리는 축일이야. 세르비아 정교회를 믿는 가정에서는 온 가족이 모여 예배하고 함께 식사하며 이날을 기념해.

▲ 세계 유일의 트럼펫 축제 '구차 페스티벌'
매년 8월 유럽 각지에서 수많은 트럼펫 밴드가 모여서 공연을 벌이는 축제야. 세르비아에서 가장 크고 유명한 축제지. 매년 이 축제를 찾는 관광객이 30만 명이 넘는대.

코소보에 남은 분쟁의 불씨

코소보는 원래 세르비아 남서부에 자리한 자치주였어. 그런데 주민의 90퍼센트에 이르는 알바니아계 이슬람교도가 독립을 원하자, 세르비아는 '인종 청소'라는 비난을 들으며 알바니아계 주민을 무차별 학살했지. 결국 코소보는 국제 사회의 도움을 받아 2008년에 독립 선언을 했지만, 세르비아는 끝끝내 이를 인정하지 않고 있어. 왜냐하면 코소보는 중세부터 1,000개나 되는 수도원과 정교회 건물들이 들어선 곳으로, 세르비아의 정신적 수도라고 할 수 있거든.

◀ **이슬람교도의 중심지 프리즈렌**
코소보 남부 알바니아와 접한 국경 지대에 위치한 도시야. 한때 중세 세르비아 제국의 수도였고, 오스만 제국의 지배를 받던 시절부터는 알바니아계 이슬람교도의 중심지였지.

▼ **수도 프리슈티나**
코소보 전쟁으로 심각한 피해를 입어 아직도 재건 공사가 진행 중이야.

◀ **유네스코 문화유산 비소키 데차니 수도원**
1300년대에 지어진 정교회 수도원으로 코소보의 불안정한 상황 때문에 2004년 유네스코 '위험에 처한 세계유산'으로 지정되어 보호받고 있어.

▲ **코소보 독립에 반대하는 세르비아인**
세르비아를 비롯해 소수 민족 독립에 부정적인 중국, 러시아 등은 코소보를 독립국으로 인정하지 않아.

▲ **평창 동계 올림픽에 참가한 코소보**
코소보가 독립국 자격으로 최초로 참가한 동계 올림픽이야.

한 지붕 세 민족 보스니아 헤르체고비나

보스니아 헤르체고비나는 발칸반도 북서쪽에 있어. 북부의 '보스니아'와 남부의 '헤르체고비나'라는 두 지명을 합쳐 이렇게 긴 국명이 만들어졌지. 면적은 한반도의 4분의 1, 인구는 약 350만 명. 국민은 크게 세 민족으로 나뉘는데 이슬람교를 믿는 보스니아계가 50퍼센트, 정교회를 믿는 세르비아계가 31퍼센트, 가톨릭을 믿는 크로아티아계가 15퍼센트야. 이 중 보스니아계와 크로아티아계가 세운 '보스니아 헤르체고비나 연방'과 세르비아계의 '스르프스카 공화국'이 연방을 이루고 있단다. 내전의 영향으로 세르비아와 함께 유럽에서 가난한 나라로 손꼽혀.

↓ 보스니아 내전의 상처가 남은 사라예보
전쟁 희생자의 묘지가 전쟁의 아픔을 되새기게 해. 산지에 둘러싸인 고지대에 위치한 사라예보는 겨울에 눈이 많이 내려 1984년 동계 올림픽이 열리기도 했어.

세르비아계 대통령 / 보스니아계 대통령 / 크로아티아계 대통령

↑ 각 민족을 대표하는 세 명의 대통령
연방 정부는 민족 분쟁을 막기 위해 각 민족에서 공평하게 한 명씩 공동 대통령을 선출해.

↑ 제1차 세계 대전이 시작된 라틴 다리
세르비아계 청년이 이 근처에서 오스트리아 황태자를 암살했어. 이 사건을 계기로 제1차 세계 대전이 일어났지.

↑ 모스타르 다이빙 대회
27미터 높이의 모스타르 다리에서 다이빙 경연을 펼치는 전통 축제야. 전쟁으로 무참히 파괴됐던 모스타르 다리를 재건한 후 전통을 이어 가고 있어.

발칸의 예루살렘 사라예보

사라예보는 여러 종교가 공존하는 도시야. 사라예보의 옛 시가지에는 걸어서 5분 거리 안에 크리스트교, 유대교, 이슬람교의 사원이 한데 모여 있어. 그래서 발칸의 예루살렘이라고 부르지.

▲ 유대교 성전 시나고그

▲ 이슬람교의 모스크

▲ 세르비아 정교회 성당

▲ 가톨릭 성당

▲ 사라예보 옛 시가지

세르비아와 보스니아 헤르체고비나의 먹거리

비슷한 역사를 거쳐 온 두 나라는 식문화가 비슷해. 특히 수백 년간 오스만 제국의 지배를 받아 튀르키예 음식의 영향을 많이 받았어.

➡ **튀르키예식 커피** 청동으로 만든 튀르키예식 커피포트로 커피를 끓여 마셔.

▲ **국민 요리 체바피** 소고기나 양고기 소시지를 '피타'라는 빵에 넣어 먹는 음식. 튀르키예의 케밥과 비슷해.

⬅ **뵈렉** 꼬인 모양의 전통 파이야. 안에는 볶은 야채나 고기를 넣지.

사라예보의 총성이 세계 대전으로 이어지다

"유럽 열강들이 힘겨루기를 하다가 결국에는 전쟁이 일어난 건가요?"

"먼저 발칸반도의 상황부터 찬찬히 알아보자. 오스만 제국의 지배에서 벗어난 뒤 발칸반도에서는 다양한 슬라브 민족 운동 단체가 활발하게 활동했단다. 그중에는 세르비아에 근거지를 둔 '검은 손'이라는 민족 운동 단체가 있었어. 특히 오스트리아-헝가리 제국에 강한 적개심을 가진 슬라브 민족 운동 단체였지."

"오스트리아-헝가리 제국을 왜 싫어해요?"

"오스트리아-헝가리 제국은 1908년에 슬라브인이 사는 보스니아를 손에 넣은 뒤, 계속해서 발칸반도를 향해 세력을 넓힐 생각이었

곽두기의 국어 사전

적개심 대적할 적(敵), 성낼 개(愾) 마음 심(心). 적에게 느끼는 분노와 증오를 가리켜.

어. 검은 손은 보스니아가 오스트리아-헝가리 제국의 지배에서 벗어나 세르비아와 한 나라가 되어야 한다고 주장했어. 같은 슬라브인끼리 독립 국가를 만들자는 거였지."

"그러니까 오스트리아-헝가리 제국이 슬라브인을 지배하는 게 엄청 불만이었던 모양이네요."

나선애가 고개를 살짝 들며 묻자, 용선생은 고개를 끄덕였다.

"이렇게 불만이 가득한 차에 오스트리아-헝가리 제국의 황태자가 보스니아에서 열리는 군사 훈련을 보러 온다는 소식이 들려왔어. 이때다 싶은 검은 손 소속의 단원들은 황태자 암살에 나섰단다."

"네? 황태자를 죽여요?"

"1914년 6월 28일, 황태자가 보스니아의 중심 도시인 사라예보에 도착했을 때였어. 암살범은 차를 타고 사라예보 시내를 지나던 황태자 부부에게 권총 두 발을 쐈지. 황태자와 황태자비는 그 자리에서 목숨을 잃고 말았단다. 총을 쏜 범인은 보스니아에 살고 있는 대학생

> **왕수재의 지리 사전**
> **사라예보** 발칸반도 서북부의 도시로, 오늘날 보스니아 헤르체고비나의 수도야.

황태자 부부의 암살 사건에 숨겨진 네 번의 우연

↑ **저격당하는 오스트리아-헝가리 제국 황태자 부부** 페르디난트 황태자가 탄 차량이 길을 잘못 들어 잠시 멈춰 있는 사이, 암살자가 황태자 부부를 향해 총을 쏘았어.

↑ **사라예보의 라틴 다리** 황태자 저격 사건이 일어났던 곳이야.

으로, 이제 막 열아홉 살이 된 세르비아인 젊은이였어."

"이런 엄청난 짓을 저지른 사람이 열아홉 살밖에 안 됐다고요?"

"응. 그만큼 슬라브인의 민족 운동 열기가 뜨거웠던 거지. 배후에 민족 운동 단체인 검은 손이 있다는 것도 금세 밝혀졌단다. 세르비아 정부는 혹시나 황태자 암살의 책임을 떠맡게 될까 봐 즉각 국내의 관련자를 철저히 수색해 체포했어. 하지만 오스트리아-헝가리 제국은 그 정도로 만족하질 않았지. 오스트리아는 황태자가 죽은 걸 기회로 세르비아를 완전히 굴복시키고 나아가 발칸반도로 세력을 넓히려고 했단다. 근데 막상 행동에 나서자니 한 가지 걸리는 게 있었어."

"그게 뭐죠?"

"바로 세르비아의 등 뒤에 강대국 러시아가 딱 버티고 있다는 거야. 러시아는 슬라브인의 큰형님을 자처하며 발칸반도로 세력을 넓히고 있었거든. 만일 러시아가 세르비아 편을 들고 나선다면 오스트리아-헝가리 제국으로서는 곤란했어. 러시아를 상대하려면 동맹국 독일의 도움이 꼭 필요했지. 그래서 오스트리아-헝가리 제국은 독일의 빌헬름 2세에게 도움을 청했단다."

"독일은 도와주기로 했어요?"

"그럼~. 빌헬름 2세는 오스트리아-헝가리 제국이 무슨 일을 벌이든 무조건 밀어 주겠다고 약속했단다."

"그러다가 러시아와 싸움이 벌어지면 어쩌라고요?"

"빌헬름 2세는 오스트리아-헝가리 제국이 세르비아에 쳐들어간다고 해도, 러시아가 나서지는 않을 거라고 확신했어. 이 무렵 러시아는 국내외로 혼란스러워서 섣불리 전쟁에 나설 상황이 아니었거든.

빌헬름 2세는 심지어 느긋하게 휴가까지 갈 정도였지. 든든한 뒷배가 생긴 오스트리아-헝가리 제국은 곧장 세르비아에 최후통첩을 보냈어. 그리고 자신의 요구를 들어주지 않을 경우 전쟁을 벌이겠다고 위협했지."

"전쟁 위협을요? 어떤 요구를 했는데요?"

"오스트리아-헝가리 제국은 세르비아에 직접 조사관을 보내 이 사건을 조사하겠다고 했어. 또 세르비아인이 오스트리아-헝가리 제국에 반대하는 행동을 하지 못하도록 책임지고 단속하라고 했지. 세르비아는 고민 끝에 이 요구를 거부했단다. 이런 요구를 받아들였다가는 결국 오스트리아-헝가리 제국의 지배를 받을 게 뻔했거든."

"남의 나라에 가서 맘대로 조사를 한다는 건 좀 심하긴 한데요. 그래도 전쟁이 나면 큰일이잖아요."

"세르비아도 믿는 구석이 있었어. 바로 러시아야. 러시아가 세르비아를 확실히 도와주겠다고 약속했으니까."

"엥? 아까는 러시아가 전쟁에 나설 상황이 아니라고 하셨잖아요."

"그건 맞는데, 러시아의 차르와 귀족들은 오스트리아-헝가리 제국만 상대하는 정도라면 해 볼 만하다고 생각했어. 만에 하나 독일이 끼어든다면 곤란하겠지만, 설마 독일이 러시아와 전쟁을 벌일 리는 없다고 여겼지. 그랬다가는 러시아와 동맹 관계에 있는 프랑스, 영국도 독일과 전쟁을 벌일지도 모르니까."

"그러니까 독일이나 러시아나 서로서로 상대가 전쟁을 벌일 리가 없다고 안심했다는 거네요."

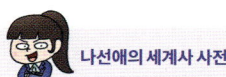

나선애의 세계사 사전

최후통첩 일정 기한 안에 요구를 들어주지 않으면 외교 관계를 끊거나 전쟁을 일으키겠다는 뜻을 밝히는 외교 문서야.

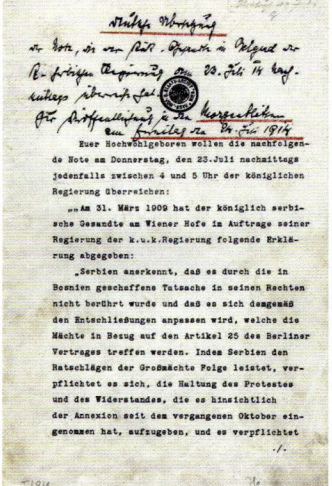

▲ **오스트리아-헝가리 제국의 최후통첩** 오스트리아-헝가리 제국은 1914년 7월 23일에 세르비아로 최후통첩을 보내 세르비아를 압박했어.

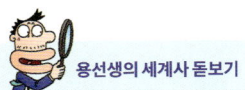

용선생의 세계사 돋보기

이 당시 독일의 황제 빌헬름 2세와 러시아의 황후 알렉산드라는 이종사촌 사이였어. 두 사람은 서로 편지를 주고받는 각별한 관계였지.

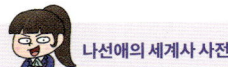

나선애의 세계사 사전

동원령 전쟁을 치르기 위해 나라 전체가 온 힘을 기울이는 것을 가리켜. 동원령을 내리면 평소 일하던 사람들이 군대로 들어가게 되고, 국내 공장은 모두 전쟁에 필요한 물자를 생산하게 돼.

나선애가 필기를 하며 정리했다.

"맞아. 결국 황태자 저격 사건이 일어난 지 한 달이 지난 1914년 7월 28일, 오스트리아-헝가리 제국은 세르비아에 쳐들어가고 말았어. 전쟁이 터지자 각국의 외교관들은 어떻게든 큰 싸움이 벌어지는 걸 막으려고 했어. 독일 빌헬름 2세는 친척인 러시아 황제에게 전쟁 준비를 위한 동원령을 내리지 말아 달라고 요청했지. 동시에 영국과 프랑스에도 전쟁에 뛰어들지 말라고 요구했단다."

"그래서 어떻게 됐어요? 잘 해결됐나요?"

아이들은 귀를 쫑긋 세우고 용선생의 입만 쳐다봤다.

"이미 엎질러진 물이었어. 이틀이 지난 7월 30일, 러시아는 약속한 대로 오스트리아-헝가리 제국에 선전 포고를 했어. 독일도 8월 1일에 러시아에 선전 포고를 했고, 곧이어 러시아의 동맹국인 프랑스에도 선전 포고를 했단다. 동맹 관계 때문

↑ **독일 외교관의 보고서** 러시아, 프랑스, 영국에 동원령을 멈춰 달라고 요구했으나 거절당했다는 내용이 담겨 있어.

→ **러시아 총동원령** 1914년 러시아군이 총동원령에 따라 전선으로 이동하고 있어.

146

에 유럽 각국이 도미노처럼 전쟁에 뛰어들게 된 거야."

"어휴, 설마설마하던 일이 드디어 벌어지고 말았군요."

영심이가 걱정스러운 표정으로 입술을 깨물었다.

"독일이 프랑스를 공격하는 과정에서 벨기에에 쳐들어가자 일은 더 심각해졌어. 일단 벨기에는 당시에는 중립국이라 어느 편도 아니었어. 하지만 오래전부터 영국의 주요 교역국으로 영국과 사이가 좋았을 뿐 아니라, 영국에게 독립을 보장받고 있었거든. 영국은 중립국을 침략한 독일을 비난하며 선전 포고를 하고 전쟁에 뛰어들었단다."

"영국까지요?"

"전 세계에 식민지를 가진 영국까지 참전하면서 발칸반도에서 일어난 전쟁은 순식간에 세계 전역으로 확산되었어. 아프리카에서도 유럽 식민지 간에 전투가 벌어졌고, 9월에는 아시아에서도 일본과 중국이 영국 편을 들어 독일에 선전 포고를 하고 산둥반도의 독일군

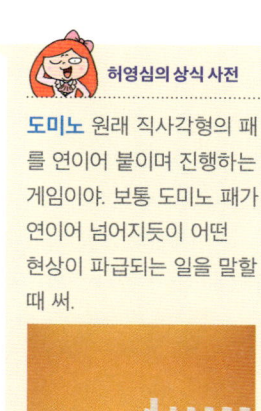

허영심의 상식 사전

도미노 원래 직사각형의 패를 연이어 붙이며 진행하는 게임이야. 보통 도미노 패가 연이어 넘어지듯이 어떤 현상이 파급되는 일을 말할 때 써.

↑ 유럽의 주요 참전국

독일을 중심으로 뭉친 국가들을 동맹국, 영국과 프랑스 편에 선 국가들을 연합국이라고 해.

↓ 두 편으로 나뉜 세계

↑ 오스만 제국의 참전 오스만 제국은 러시아를 적으로 규정하고 독일 편으로 전쟁에 뛰어들었어.

↑ 중국 칭다오에 도착하는 영국군 영국군과 일본군은 독일 조계지였던 칭다오를 차지하기 위해 독일군을 공격했어.

용선생의 세계사 돋보기

이탈리아는 독일, 오스트리아-헝가리 제국과 함께 삼국 동맹을 맺은 사이였어. 하지만 연합국과 비밀 협상을 통해 과거에 오스트리아-헝가리 제국에 빼앗겼던 영토를 넘겨받기로 한 뒤 연합국 편을 들었지.

을 공격했단다. 1년 뒤에는 이탈리아까지 영국-프랑스 연합국과 손을 잡고 오스트리아-헝가리 제국을 공격했고, 뒤이어 그리스와 포르투갈도 각각 영국 편을 들고 전쟁에 뛰어들었어."

"독일 편을 든 나라는 없었나요?"

"물론 있었지. 오스만 제국은 러시아의 남하를 막기 위해서 독일

148

편을 들었고, 세르비아와 라이벌이었던 불가리아도 독일과 손을 잡고 러시아와 싸웠어."

"우아, 정작 세르비아나 오스트리아랑 별 관계도 없는 나라들이 두 편으로 나뉘어 전쟁을 벌이게 됐네요."

"맞아, 이렇게 해서 인류 역사상 처음으로 세계 대전이 벌어진 거야."

용선생의 핵심 정리

사라예보에서 오스트리아-헝가리 제국의 황태자가 암살당한 것을 계기로 오스트리아가 세르비아를 침공함. 이 전쟁은 복잡한 동맹 관계 때문에 독일, 러시아, 프랑스, 영국이 차례로 참가하며 세계 대전으로 확대됨.

국민들이 전쟁에 환호하며 승리를 확신하다

"근데 선생님, 독일이 영국, 프랑스, 러시아랑 동시에 전쟁을 벌일 정도로 강한가요?"

"아무리 독일이 세다고 해도 동시에 양쪽으로 적을 두고 싸우면 힘들 텐데……."

왕수재와 장하다가 지도를 보며 고개를 갸웃거렸다.

"독일도 세 강대국과 동시에 싸우는 게 힘들다는 건 이미 알고 있었어. 그래서 오래전에 나름대로 대책을 세워두었단다. 일단 동쪽에 있는 러시아는 프랑스나 독일에 비해 아직 산업화가 더딘 나라였어. 특히 철도와 도로 시설이 보잘것없었기 때문에, 군대와 물자를 끌어

▲ 슐리펜 계획

장하다의 인물 사전

알프레트 폰 슐리펜
(1833년~1913년) 독일의 육군 장군이었어. 러시아, 프랑스와의 전쟁을 대비해 '슐리펜 계획'을 만들었지.

모아서 전쟁터까지 보내는 데에 많은 시간이 걸렸지. 독일은 러시아가 제대로 전쟁 준비를 마치려면 최소한 42일이 걸린다고 봤어."

"42일? 꽤 오래 걸리네요."

"그래. 독일의 슐리펜 장군은 이 기간 동안 최대한 빨리 프랑스와 승부를 보면 된다고 생각했어. 독일군의 전력을 서쪽에 집중해서 프랑스에게 승리를 거둔 뒤, 러시아군을 상대하면 승산이 있다고 생각한 거지."

"너무 쉽게 생각하는 거 아녜요? 프랑스가 마냥 손놓고 있지는 않을 텐데, 그렇게 금방 승리를 거둘 수 있다뇨?"

"맞아. 독일의 계획대로 되려면 번개처럼 빨리 프랑스로 쳐들어가야 돼. 그래서 독일은 프랑스가 지키고 있는 국경인 알자스와 로렌 지방을 피해 그 위쪽인 벨기에를 공격했던 거야. 벨기에에는 평지가

▲ **벨기에의 워털루 평원** 벨기에 중부에 자리한 평원이야. 독일과 프랑스를 연결하는 길목이자 수많은 전투가 벌어졌던 아픔의 장소지.

▲ **알자스, 로렌 지방의 보주산맥** 보주산맥은 알자스, 로렌 지방에 걸쳐 있어. 외부의 침입에서 프랑스를 지켜 준 고마운 산맥이지.

많아서 군대가 훨씬 빠른 속도로 이동할 수 있거든. 더구나 벨기에는 작은 나라이고, 당시에는 중립국이어서 전력이 약했으니 빠르게 점령할 수도 있었지."

"벨기에는 괜히 고래 싸움에 새우 등 터진 셈이네요."

"그래도 독일이 벨기에를 공격하는 바람에 영국이 참전을 결정했으니, 독일 입장에서는 큰 실수를 한 셈이었지."

"선생님, 왜 다들 그렇게 쉽게 전쟁을 벌이는 거죠?"

잠자코 있던 영심이가 눈을 가늘게 뜨며 물었다.

"유럽 열강은 세계 곳곳에서 식민지 경쟁을 하며 여러 번 갈등을 빚었어. 자칫 전쟁으로 치달을 뻔한 적도 몇 차례 있었지. 게다가 프랑스 사람들은 40년 전 프로이센-프랑스 전쟁에서 패배한 경험 때문에 독일에 대한 감정이 좋지 않았단다. 그래서 전쟁을 결정하기가 쉬웠던 거야."

"그런데 아까는 서로 상대방이 전쟁을 벌일 거라고는 생각하지 않았다고 하셨잖아요."

"유럽에서는 프로이센-프랑스 전쟁 이후로 거의 40년이 넘도록 큰 전쟁이 없었어. 그래서 설마 전쟁이 터지겠냐며 다들 안심했던 거지. 행여나 전쟁이 터지더라도 금방 이기면 된다고 낙관적으로 생각했단다. 전쟁이 길어 봤자 몇 달 안에 끝날 거라고 믿었던 거야. 그것도 모두들 자기 나라가 이길 거라고 생각했어."

"어휴, 전쟁이 나면 얼마나 많은 사람이 고통을 받는데 그런 생각을 하다니."

영심이가 발을 동동 굴렀다.

▲ 《1910년의 침략》
독일이 영국을 침략해 세계 대전이 벌어진다는 내용의 영국 소설이야. 1906년에 출간되어 베스트셀러가 되었지. 전쟁의 가능성이 높았기 때문에 이런 소설이 나온 거야.

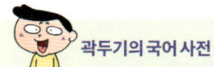

곽두기의 국어 사전

낙관 즐거울 낙(樂) 볼 관(觀). 앞으로의 일이 잘되어 갈 것이라고 희망적으로 생각하는 것을 가리켜.

최초로 세계 대전이 일어나다

↑ **전쟁 발발 소식을 들은 파리 시민들** 전쟁이 터졌다는 소식을 들은 파리 시민들이 승리를 확신하며 환호하고 있어.

↑ **전장으로 향하는 독일 병사** 전쟁 초반 독일군의 모습이야. 병사들이 마치 소풍을 가듯 들뜬 채 전쟁터로 나가고 있어.

"하지만 당시 유럽인들 중에는 전쟁을 경험한 사람이 별로 많지 않았어. 각국 국민들은 전쟁 소식을 듣고 거리에 몰려나와 기뻐서 함성을 지르기도 했단다. 이 기회에 자기 나라의 명예를 드높이고 경쟁국의 코를 납작하게 누를 수 있다고 여겼던 거지."

"끙. 다들 무슨 자신감이람?"

"각국 국민들은 전장으로 떠나는 병사들을 열렬히 환송했고, 병사들은 마치 소풍을 가듯 들뜬 분위기 속에서 전쟁터로 향하는 기차에 몸을 실었어. 꼭 올림픽에 나가는 대표 팀을 응원하는 분위기였다고나 할까?"

"세상에! 무슨 전쟁이 스포츠 경기도 아닌데……."

"신문에는 매일같이 전쟁 참여를 부추기는 기사가 실렸어. 학교에서는 총과 대포의 무게, 점령한 땅의 넓이, 전쟁 포로 수를 구하는 수학 문제를 풀었지. 어린이 사이에서는 전쟁을 부추기는 동화책이 유행했단다."

곽두기의 국어 사전

환송 기쁠 환(歡) 보낼 송(送). 떠나는 사람을 기쁜 마음으로 보내는 것을 말해.

"온 국민이 전쟁 분위기에 휩싸인 거군요."
곽두기가 혀를 내둘렀다.

용선생의 핵심 정리

독일은 슐리펜 계획에 따라 중립국 벨기에를 침공하며 프랑스를 공격함. 각국 국민들은 단시간에 전쟁에서 승리를 거두리라 믿으며 전쟁을 열렬히 환영함.

서부 전선의 참호 속에서 지옥이 펼쳐지다

"독일은 계획대로 재빠르게 벨기에를 점령하고 곧장 파리로 향했어. 전쟁이 터진 지 한 달이 막 지났을 무렵인 1914년 9월에는 독일군이 파리에서 불과 50킬로미터 떨어진 곳까지 진격했지. 프랑스 입장에서는 그야말로 엎어지면 코 닿을 곳까지 독일군이 온 거야."

"이러다가 프랑스가 예전처럼 금방 항복하는 거 아닌가요?"

"그건 아냐. 모든 일이 독일의 계획대로 돌아가는 건 아니었거든. 일단 쉽게 끝날 거라고 생각했던 벨기에의 저항이 생각보다 만만치 않아 후속 병력을 보내는 게 어려웠어. 그리고 러시아군도 독일의 예상보다 훨씬 빨리 전쟁 준비를 마치고 독일 쪽으로 진군을 시작했지. 어쩔 수 없이 독일은 병력 일부를 동쪽으로 돌려야 했고, 프랑스를 향한 공격의 고삐도 늦출 수밖에 없었어."

↑ 전쟁 당시 독일의 그림 동화책 전쟁에 나가 용감하게 싸우는 이야기를 담고 있어.

↓ 벨기에를 행진하는 독일군 1914년 8월 벨기에 북부 도시 블랑켄베르허를 행진하는 독일군의 모습이야. 독일은 약 15일 만에 벨기에 수도 브뤼셀을 점령했지만, 이후로도 벨기에의 저항은 오랫동안 계속됐어.

▲ 1914년 9월 마른강에서 싸우는 프랑스군
마른강 유역에서 벌어진 전투에서 프랑스군은 독일군의 진격을 막으며 파리를 지켜 냈어. 이 전투로 독일의 슐리펜 계획은 삐거덕거리게 됐지.

"흠, 그래도 어쨌든 파리 코앞까지 왔다면서요."
"이미 먼 길을 급하게 달려온 독일군은 지쳐 있었어. 반면 프랑스군은 이번만은 파리를 내줄 수 없다며 격렬하게 저항했지. 결국 독일군은 파리에서 약 100킬로미터 떨어진 곳까지 후퇴할 수밖에 없었어. 이로써 러시아를 상대하기 전에 재빠르게 프랑스와 싸워 승리를 거둔다는 독일의 슐리펜 계획은 물거품이 되어 버렸단다."

"그럼 독일군은 이제 어쩌죠?"

"독일군은 동쪽과 서쪽에서 동시에 싸워야 했어. 동쪽에는 동맹국인 오스트리아-헝가리 제국과 오스만 제국이 있었지만, 서쪽은 독일 혼자 영국과 프랑스 연합군을 상대해야 했지. 영국-프랑스 연합군과 독일군은 프랑스 국경 지역에서 땅을 파고 길게 전선을 유지하며 4년 가까이 서로 밀고 밀리는 전투를 반복하게 돼."

곽두기의 국어 사전
전선 전쟁 전(戰) 줄 선(線). 전쟁에서 적과 상대하는 맨 앞 지역을 가상으로 연결한 선을 말해.

용선생이 지도를 가리키자, 아이들은 눈을 동그랗게 떴다.
"4년씩이나 저 자리에서 싸웠다고요?"

"누구도 예상하지 못한 일이었지. 그동안 유럽 열강이 보유한 무기의 위력이 엄청나게 발전했기 때문에 생겨난 일이었어. 기관총과 대포의 위력이 너무나도 강해서, 병사들이 몸을 내놓고 섣불리 전진할 수가 없었거든. 털끝 하나라도 보였다가는 눈 깜짝할 사이에 목숨이 날아가기 일쑤였으니까 말이야. 살아남으려면 참호에 몸을 숨겨야

▼ 서부 전선

영국-프랑스 연합군과 독일군은 벨기에에서 스위스 국경까지 형성된 전선을 유지하며 4년 동안이나 싸웠어.

했지. 병사들은 거미줄처럼 복잡하게 파인 참호에 몸을 숨긴 채 '참호전'을 벌였어."

"그렇게 양쪽이 모두 참호에 숨어서 싸웠어요?"

"물론 계속 숨어만 있을 수는 없지. 전선을 뚫을 유일한 방법은 일제 돌격이었어. 그래서 지휘관의 명령에 따라 수많은 병사가 철조망을 넘어 적의 참호를 향해 돌진하곤 했어. 빗발치는 기관총 탄

허영심의 상식 사전
참호 적의 총이나 대포를 피하기 위해 땅을 파서 만든 도랑 같은 시설을 말해.

← 레마르크의 《서부 전선 이상 없다》 (1929년) 작가가 서부 전선의 참호 속에서 실제로 겪은 비참한 상황을 사실대로 묘사한 소설이야.

참호전의 부작용, 에스파냐 독감

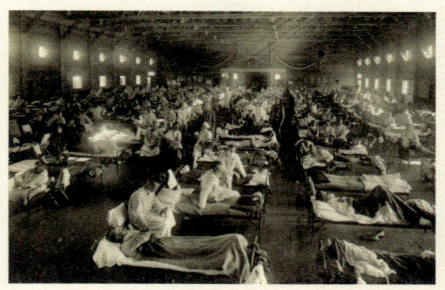

↑ **에스파냐 독감 유행 당시 병동**
학교 체육관을 개조해 만든 병동이야. 이렇게 큰 병동을 만들어야 할 만큼 전염 기세가 무서웠어.

참호는 지저분한 데다가 수많은 병사가 머물고 있어 전염병이 돌기 쉬웠어. 제1차 세계 대전 당시 참호에서는 '에스파냐 독감'이라는 전염병이 유행했단다. 에스파냐 독감은 이름과 달리 미국에서 시작된 전염병이야. 하지만 에스파냐 언론이 이 전염병에 대해 가장 크게 보도했기 때문에 에스파냐 독감이라는 이름이 붙었지. 에스파냐 독감은 미국이 제1차 세계 대전에 참전한 이후 유럽에 파견된 미군을 통해 유럽에 전파됐고, 유럽에서 싸우던 세계 각국의 병사에게 옮겨져 전 세계로 퍼져 나갔어. 그리고 제1차 세계 대전이 끝난 1918년부터 1919년 사이 전 세계를 휩쓸었지.

에스파냐 독감의 위력은 먼 옛날 흑사병에 맞먹을 정도였어. 1900년대 초, 전 세계 인구가 약 16억 명 정도였는데, 그중 6억 명이 감염되어 최대 1억 명에 가까운 사람이 목숨을 잃었다고 하거든. 이 당시 우리나라에서도 약 740만 명이 감염되어 14만 명 가까운 사람이 목숨을 잃었대.

← **독감 유행 당시 미국 모습**
마스크를 하지 않은 승객이 승차를 거부당하고 있어.

↑ **참호와 철조망** 땅을 파서 참호를 만들고 철조망을 깔아서 적의 접근을 막았어.

↑ **참호에서 나와 돌격하는 영국군** 병사들은 좁은 참호 속에 움츠리고 있다가 공격 명령이 떨어지면 일제히 밖으로 뛰어나가야 했어.

환에 수많은 병사가 목숨을 잃었지만, 그 와중에 살아남은 병사가 적의 참호를 점령하는 식이었지. 하지만 불과 며칠 사이에 상대방도 똑같은 작전으로 반격해서 참호를 빼앗기 일쑤였단다."

"세상에, 그래서 같은 자리를 벗어나지 못한 거예요?"

"그렇단다. 이렇게 수많은 병사가 죽어 나갔어. 1916년 베르됭에서는 10개월 동안 90만 명 넘게 죽었고, 같은 해에 인근 솜강에서는 단 하루 만에 영국군 5만 8천 명이 목숨을 잃었단다. 하지만 이렇게 많은 사람이 죽어도 단 몇 킬로미터 전진하는 게 고작이었어. 그나마 며칠 후 후퇴하는 일이 반복됐지."

"그럴 거면 그냥 참호 안에만 있는 게 나을 것 같아요."

영심이의 말에 용선생은 고개를 절레절레 저었다.

↓ **탱크를 앞세우고 진군하는 영국군**(재연) 탱크는 적의 포격을 피해 돌진하기 위해 발명됐지만, 전장에 늪지대가 너무 많아서 제 역할을 하진 못했어.

◀ **돌진하는 독일군**
이렇게 일제히 돌진하다가 적의 기관총 공격에 수많은 병사들이 목숨을 잃기 십상이었어.

◀ **수류탄** 손으로 던지는 폭탄이야. 적의 전진을 막거나 참호에 숨어 있는 적을 처치하기 위해 널리 사용됐지.

"참호 내부도 끔찍하기는 마찬가지였어. 비가 오면 참호 바닥은 금세 지저분한 흙탕물로 가득 찼지. 겨울이 되자, 흙탕물에 젖어 있던 병사들의 발이 꽁꽁 얼어 동상에 걸렸어. 어디 그뿐이니. 지저분한 참호에는 쥐와 온갖 벌레가 들끓어 전염병이 쉽게 퍼졌단다."

"어휴, 참호 안도 지옥이었군요."

"근데 선생님, 정말 그런 방법 말고는 싸울 방법이 없었어요?"

"유럽 각국의 과학자들은 인명 피해를 줄이고 참호를 점령할 수 있는 방법을 골똘히 연구해 여러 가지 신무기를 발명했단다. 대표적인 신무기가 탱크와 전투기야. 탱크는 철갑을 두르고 있어서 적의 총알을 막아 내며 철조망을 뚫고 전진하는 데 쓰였고, 전투기는 적의 공격을 피해 상대방을 정찰하는 데 쓰이다가 나중에는 폭격 용도로 쓰였지. 또 상대방 참호로 독가스가 담긴 폭탄을 쏘아 터뜨리기도 했어. 그러자 독가스 피해를 막으려고 곧 방독면도 개발됐지."

"전쟁에 이기려고 독가스까지 쓰다니!"

나선애가 발끈했다.

"전쟁은 갈수록 치열해졌어. 그럴수록 각국의 지도자들은 국가의

허영심의 상식 사전

방독면 해로운 독가스나 세균이 눈이나 호흡 기관에 들어오지 않도록 얼굴을 보호하는 마스크를 가리켜. 나쁜 물질은 걸러 내고 숨을 쉴 수 있는 장치가 달려 있어.

최초로 세계 대전이 일어나다 **157**

↑ **방독면을 쓴 채 기관총을 쏘는 영국군** 독가스 공격에 대비해 병사들은 방독면을 쓰고 싸웠어. 더운 날씨에 숨도 제대로 쉴 수 없는 방독면을 쓴 병사들의 고통은 이루 말할 수 없었지.

↑ **출격을 기다리는 독일 전투기** 전투기 역시 제1차 세계 대전 때 발명된 무기야. 당시의 전투기는 공격보다는 정찰용이나 연락용으로 많이 쓰였어.

모든 자원을 전쟁에 쏟아부어서 어떻게든 전쟁에서 승리하려고 했단다. 이렇게 한 국가의 모든 힘을 동원하는 전쟁을 '총력전'이라고 해. 원래 유럽에서는 전쟁이 터지더라도 전쟁터에서 먼 후방에 있는 사람들은 전쟁과 크게 관계없이 살았지만, 총력전이 시작되자 모든 국민이 전쟁에 휘말리게 되었지."

"그럼 모든 국민이 전쟁터로 나가서 싸우게 되나요?"

"응. 거의 모든 젊은이가 전쟁터에서 피를 흘렸지. 징병제 국가였던 프랑스와 독일에서는 수백만 명에 이르는 젊은이를 전쟁터로 끌고 갔고, 원래 모병을 하던 영국도 전쟁 중반에는 징병제를 실시해 젊은이를 대거 전쟁터로 내몰았어. 하지만 직접 전쟁터에 나서는 병사만 전쟁에 참여하는 건 아니었지."

"그럼요?"

곽두기의 국어 사전

모병 모을 모(募) 군사 병(兵). 병사를 모집하는 것을 말해.

→ **영국 모병 포스터** "누가 빠졌지? 너인가?"라는 문구로 입대를 권하는 영국의 모병 포스터야.

"전쟁이 길고 치열해질수록 전쟁터에서 쓰이는 각종 물자가 엄청나게 많이 필요하거든. 탄약이나 식량은 기본이고, 무기와 의복도 필요했어. 후방에 남아 있는 국민은 공장에서 이런 물자를 생산해야 했단다. 특히 전쟁터에 끌려간 젊은 남성을 대신해 여성이 공장에서 일하며 무기와 탄약 등 각종 군수품을 만들었지."

"병사들은 싸우고, 뒤에 남은 국민은 전쟁에 필요한 물건을 만든 거군요."

"응. 산업화를 거치면서 서유럽 곳곳에 거미줄처럼 철도가 깔린 덕택에 이런 일이 가능했어. 후방의 공장에서 생산된 각종 자원이 단 며칠 사이에 전방의 전쟁터에 도착할 수 있었으니까. 하지만 이렇게

▲ 1915년의 군수 공장 풍경
남성이 모두 전쟁터로 끌려가자 여성이 공장에 나와 군수품을 만들었어.

최초로 세계 대전이 일어나다 **161**

국가가 모든 자원을 전쟁에 쏟아부은 탓에 후방은 늘 물자 부족에 시달렸어. 당장 먹을 식량도 부족했고, 겨울을 날 연료도 부족했지. 결국 전쟁이 길어질수록 온 나라가 굶주림과 물자 부족에 신음하게 됐단다."

"전쟁으로 고통받는 사람들이 병사만 있었던 건 아니네요."

용선생의 핵심 정리

전쟁 초반 독일이 파리를 점령하는 데 실패하면서 독일과 영국-프랑스 연합군은 4년 동안 끔찍한 참호전을 벌임. 참호전에서 적의 참호를 돌파하기 위해 각종 신무기가 등장하고, 후방의 시민도 전쟁에 적극적으로 참여하는 총력전이 펼쳐짐.

미국의 참전과 함께 전쟁이 막바지로 접어들다

"선생님, 그런데 정작 전쟁을 시작한 오스트리아-헝가리 제국은 어떻게 됐어요?"

곽두기가 퍼뜩 생각난 듯 손을 번쩍 들었다.

"오스트리아-헝가리 제국도 나름대로 열심히 싸웠지. 하지만 군사력이 약해서 싸우는 데 한계가 있었어. 세르비아의 수도인 베오그라드는 금방 점령했지만, 세르비아군이 군대를 정비한 후 결사적으로 반격에 나서자 그만 큰 손해를 보고 후퇴했지."

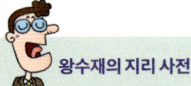

왕수재의 지리 사전

베오그라드 세르비아의 수도이자, 발칸반도의 주요 도시. 1918년부터 2002년까지 유고슬라비아의 수도였어.

"자신만만하게 쳐들어가더니 완전히 자존심을 구겼네요."

"흐흐, 이후 오스트리아-헝가리 제국은 불가리아 군대의 도움을 받아 다시 대대적으로 공격에 나섰어. 하지만 영국군과 프랑스군이 발

칸반도에 상륙해 세르비아군을 돕기 시작한 뒤로는 완전히 밀리더니 전쟁 중반 이후에는 거의 전멸해서 제 구실을 하지 못했단다."

"그럼 러시아는요? 러시아가 예상보다 일찍 전쟁 준비를 끝냈다고 하셨잖아요."

"동부 전선의 러시아군은 좀처럼 힘을 쓰지 못했어. 독일이 프랑스 공격에 힘을 쏟는 틈을 타 서쪽으로 재빠르게 진군했지만, 철도가 촘촘히 깔리지 않아서 이동이 더뎠을 뿐 아니라 병력과 전쟁 물자의 보급도 원활하지 않았거든. 그래서 독일군은 손쉽게 러시아군의 공격을 막아 낼 수가 있었단다. 심지어 러시아군은 전쟁 초반 탄넨베르크 전투에서 독일군에게 크게 패배하고, 오히려 뒷걸음질 쳤어."

"독일군이 양쪽에서 싸우는 데도 유리했던 거네요?"

▲ 동부 전선

오스트리아는 발칸반도에서 밀려났고, 러시아는 동쪽으로 깊숙이 뒷걸음질 쳤어.

◀ 불가리아군에 맞서는 세르비아군
세르비아군이 포격을 퍼부으며 불가리아군을 저지하고 있어.

최초로 세계 대전이 일어나다 **163**

➔ **독일군에 잡힌 러시아군 포로들** 전쟁 초반 탄넨베르크 전투에서 패배한 이후 포로로 잡힌 러시아군과 빼앗긴 각종 장비들이야. 이 전투로 큰 손해를 본 러시아군은 좀처럼 힘을 쓰지 못했지.

"처음에는 그랬어. 하지만 시간이 갈수록 점점 곤란해졌단다. 특히 바다에서 독일과 동맹국은 완전히 밀렸어. 영국 해군이 전쟁 초반에 독일과 오스만 제국 해군을 거의 전멸시켜 버렸거든. 영국 해군은 독일의 항구를 모조리 봉쇄하고, 싸우는 데 필요한 석유와 구리 같은 자원 공급을 완전히 막아 버렸단다."

"영국 해군이 제대로 활약을 했군요."

"독일은 미국의 참전으로 더욱 궁지에 몰렸어. 사실 미국은 먼로주의를 따르며 유럽 일에 끼어들지 않았어. 그래서 제1차 세계 대전이 터졌을 때에도 어느 편도 들지 않고 중립을 지키며 전쟁 물자를 팔아 이득만 챙겼지. 근데 미국이 전쟁 막바지에 영국과 프랑스 편을 들어 전쟁에 뛰어든 거야."

"어, 미국은 왜 전쟁에 참가한 거죠?"

"독일의 무제한 잠수함 작전 때문이란다."

↑ **잠수함의 공격을 받은 영국 상선**
지중해를 지나가던 영국 상선이 독일 잠수함의 공격을 받고 있어.

↑ **독일 잠수함 U-14** 잠수함은 바닷속을 조용히 다니며 적의 전함을 공격하는 무시무시한 무기야. 제1차 세계 대전에서 맹활약하기 시작해 오늘날까지도 강력한 무기로 쓰이고 있단다.

"그게 뭔데요?"

"말 그대로 잠수함을 무제한 이용해 적을 공격하는 작전이야. 독일 잠수함은 영국과 연합국의 배라면 군함이든, 민간인이 탄 상선이든 닥치는 대로 공격했지. 하지만 당시 잠수함의 성능으로 적의 전함을 정면으로 상대하는 건 무리였어. 속도도 느린 데다가, 레이더 같은 장비도 갖추지 못했거든. 그래서 주로 만만한 상선을 공격했지. 중립국의 배도 영국으로 가고 있으면 무조건 공격했어."

"어휴, 왜 그렇게 무리한 작전을 쓴 거죠?"

"독일이 전쟁을 계속 치르려면 어떻게든 영국의 해상 봉쇄를 풀어야 했어. 하지만 막강한 영국 해군과 정면으로 맞붙어서는 도저히 이길 수가 없었지. 그래서 잠수함을 동원해 영국의 무역을 방해하고 전쟁 물자 공급도 막으려고 했던 거야."

"전쟁이라고 해도 너무해요!"

 허영심의 상식 사전

레이더 물체에 음파나 전자기파를 쏘아서 반사되는 파동을 안테나로 수신해 물체의 위치와 방향을 알아내는 장비야.

최초로 세계 대전이 일어나다 **165**

↑ 침몰하는 루시타니아호 영국과 미국을 오가던 여객선 루시타니아호는 독일 잠수함의 공격을 받고 침몰했어. 이 사건으로 1,198명의 승객과 선원이 목숨을 잃었는데, 그중 126명이 미국인이었어.

↑ 미국의 참전을 주장하는 포스터
미국에서 정의의 칼을 들고 독일을 심판하자는 목소리가 커졌어.

"실제로 전 세계에서 독일을 향해 비난을 쏟아냈어. 하지만 독일은 '공격받기 싫으면 영국으로 배를 보내지 말라.'며 아랑곳하지 않았지. 그러다가 1915년, 독일이 대형 사고를 치고 말았단다. 독일 잠수함이 영국에서 미국으로 가던 여객선 '루시타니아호'를 침몰시킨 거야. 이 사고로 미국인이 126명이나 목숨을 잃었어."

"헉, 그럼 미국이 가만있지 않았겠군요!"

"그래. 루시타니아호 침몰 사건 이후 미국 국민 사이에서는 독일에 복수하자는 목소리가 거세게 일어났어. 하지만 독일이 더 이상 상선과 여객선은 공격하지 않겠다고 약속해서, 일단 미국은 참전 결정을

미뤘단다. 근데 뒤이어 더 큰 사건이 터지고 말았지."

"이번엔 또 뭐죠?"

"독일에서 멕시코로 보낸 비밀 전보가 들통난 거야. 이 전보에는 멕시코가 독일 편을 들어 미국과 싸워 준다면, 미국에 빼앗겼던 땅을 돌려주겠다는 제안이 들어 있었지."

"미국으로서는 상당히 기분 나쁜 내용인데요."

"그래. 독일은 혹시라도 미국이 전쟁에 끼어들까봐 대비하려고 벌인 일이지만, 결과적으로 괜히 긁어 부스럼만 만든 격이었지. 미국은 이 전보 사건을 계기로 참전을 결정했거든."

◀ **치머만 전보** 독일 외교관 치머만이 멕시코에 비밀 동맹을 제안하는 내용이 담긴 전보야. 미국이 제1차 세계 대전에 참전하는 결정적인 계기가 됐지.

 허영심의 상식 사전

전보 전류나 전파를 이용해 발송하는 간단한 문자 메시지를 말해. 간단한 전기선만 설치되어 있어도 발송이 가능해서 전화가 놓이기 이전에 널리 쓰였지.

⬇ **미국 모병 포스터** 제1차 세계 대전에 참전을 결정한 미국 정부가 내걸었던 모병 포스터야. 간결한 디자인 때문에 많은 인기를 끌었다고 해.

⬆ **영국에 도착한 미군** 전쟁 준비를 마친 미국은 전쟁에 뛰어들어 본격적으로 연합군을 도왔어.

▲ 브레스트-리토프스크 조약 체결 장면
1918년, 독일과 러시아가 평화 조약을 맺는 모습이야.

▲ 평화를 축하하는 러시아군과 독일군 한때 적이었던 이들은 러시아 혁명으로 전쟁이 끝났다고 기뻐하며 춤을 추고 있어.

"이제 미국도 끼어들었으니 독일은 엄청 불리해진 거네요."

"맞아. 미국이 전쟁 준비를 마치고 본격적으로 유럽에 병사를 보내자, 싸울 힘을 잃은 독일의 동맹국은 하나둘씩 항복하기 시작했어. 미국은 영국과 프랑스 연합군에 막대한 전쟁 물자를 지원했고, 병사도 하루에 만 명씩 상륙시켰지. 그런데 이 와중에 러시아가 갑자기 전쟁에서 손을 떼고 나가는 사건이 벌어졌단다."

"러시아가 갑자기 왜요?"

"오랜 전쟁과 혼란에 지친 러시아 국민이 혁명을 일으켜서 차르를 쫓아낸 거야. 새롭게 들어선 러시아 정부는 국민의 뜻에 따라 일단 전쟁을 끝내려고 했단다. 독일은 러시아와 잽싸게 평화 조약을 맺고, 서부 전선에만 집중했어. 하지만 오랜 전쟁에 지친 건 독일 국민도 마찬가지였어. 전쟁터에 나간 군인은 물론이고, 노동자도 소리 높여 황제를 비난하며 전쟁을 중단하라고 요구했지. 그래서 독일도 휴전 협상에 나설 수밖에 없었어."

"독일이 패배를 눈앞에 둔 거네요."

"맞아. 근데 이 마당에 독일 해군 지도부가 킬 군항의 수병에게 출항을 명령했단다. 지금처럼 독일이 전쟁에서 패배할 것 같은 상황에서 전투에 나선다면, 헛된 죽음을 당할 것이 분명했지. 수병들은 명령을 거부하며 대대적으로 반란을 일으켰어. 병사뿐 아니라 노동자까지 가담하며 반란의 규모가 걷잡을 수 없이 커졌지. 결국 독일 전역에서 폭동이 일어났고, 깜짝 놀란 황제 빌헬름 2세는 네덜란드로 망명했단다. 황제를 따르던 귀족과 장군도 모두 외국으로 도망쳤지."

"어, 독일에서도 혁명이 일어난 건가요?"

"그래. 혁명으로 들어선 새 정부는 국내의 혼란을 진정시키기 위해서 즉각 항복을 선언했어. 이로써 제1차 세계 대전은 완전히 끝이 났단다."

"와~ 드디어 평화다!"

↑ 킬 군항의 반란 수병들 패전을 앞둔 독일 해군이 수병들을 죽음으로 내모는 명령을 내리자 킬 군항의 수병들이 반란을 일으켰지. 이후 독일 전역으로 반란이 번져 혁명이 일어났어.

왕수재의 지리 사전

킬 독일 북동부에 위치한 항구 도시야. 독일 해군의 주요 기지였지.

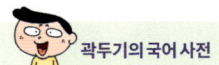
곽두기의 국어 사전

수병 물 수(水) 군사 병(兵). 해군 병사를 일컫는 말이야.

용선생의 핵심 정리

독일은 동쪽과 서쪽에서 동시에 연합군을 상대하며 궁지에 몰림. 미군이 참전하자 한계에 몰린 독일은 휴전 협상에 돌입했고, 킬 군항의 반란을 계기로 독일에서 혁명이 일어나며 항복함. 이로써 제1차 세계 대전은 막을 내림.

꺼지지 않은 전쟁의 불씨 베르사유 조약

"길고 끔찍했던 전쟁은 이렇게 막을 내렸어. 하지만 그보다 더 중요한 일이 남아 있었어. 바로 전쟁의 뒤처리였지."

"그러게요. 전쟁에 참여한 나라가 워낙 많아서 어떻게 마무리를 해야 할지 모르겠어요."

나선애가 한숨을 푹 내쉬며 말하자 용선생도 빙그레 웃어 보였다.

"선애 말대로야. 전쟁에 끼어든 나라가 워낙 많았고, 그중에서 승전국의 핵심이라고 할 수 있는 영국과 프랑스, 미국이 원하는 바가 모두 달랐지. 그런데 그중에서도 미국의 윌슨 대통령이 내세운 원칙이 유독 주목받았단다. 이른바 '14개조 평화 원칙'이야. 자세한 내용을 간단히 요약해서 알아볼까?"

용선생이 화면에 글을 하나 띄웠다.

↑ 우드로 윌슨
(1856년~1924년) 미국의 제28대 대통령이야. 제1차 세계 대전 참전을 결정했고, '14개조 평화 원칙'을 내세워 세계인의 지지를 받았지.

→ 의회에 보고하는 우드로 윌슨 윌슨 대통령이 평화 협정 조건을 미국 의회에 보고하고 있어.

윌슨의 14개조 평화 원칙

1. 세계 각국은 모든 외교 활동을 공개적으로 한다.
2. 아무런 제한 없이 자유롭게 바다를 오갈 수 있어야 한다.
3. 모든 국가는 서로 같은 조건으로 교역을 해야 한다.
4. 자기 나라를 지킬 최소한의 수준으로 군비를 줄여야 한다.
5. 식민지 문제는 공정하게 처리되어야 한다.
6. 유럽 각국은 러시아 문제에 관여하지 않는다.
7~13. 벨기에, 프랑스, 이탈리아, 오스트리아-헝가리 제국, 발칸반도, 오스만 제국, 폴란드 등 유럽 곳곳에서 여러 민족이 자기 민족의 일을 직접 결정할 수 있도록 자치와 독립을 지원하고 국경을 조정한다.
14. 모든 국가의 독립과 영토 보전을 위해 모든 국가가 참여하는 '국제 연맹'을 만들자.

"흠, 뭔가 좋은 얘기인 것 같은데요."

"그런데 패전국한테 영토를 빼앗는다거나…… 배상금을 받아 낸다는 내용은 없네요?"

한참 읽어 보던 장하다가 쭈뼛거리며 말하자, 영심이도 한마디 보탰다.

"흐흐. 바로 그거야. 윌슨이 제시한 14개조 원칙은 전쟁에서 이긴 나라가 일방적으로 이득을 챙기기 위한 내용이 아니었어. 그보다는 앞으로 세계 평화를 이루기 위해 필요한 원칙이었지. 그래서 세계인의 주목을 받았단다. 모두들 너무나 끔찍한 전쟁을 겪은 탓에, 이제

▲ 윌슨의 '민족 자결주의'에 대한 만평
아빠가 아끼던 체리나무를 벤 조지 워싱턴 일화에 빗대어 제국주의 국가가 애지중지한 식민지의 문제를 해결하자는 윌슨의 주장을 보여 주는 그림이야.

는 강대국 간의 갈등에 신물이 났던 거지."

"음…… 특히 어떤 내용이 그런 건데요?"

"제4조의 군비를 줄이자는 내용만 해도 그렇지. 그리고 7조부터 13조까지의 원칙은 그동안 갈등의 주된 씨앗이었던 유럽 곳곳의 민족 문제를 해결하는 원칙이었어. 간단히 말하자면, '각 민족의 일은 그 민족이 스스로 알아서 하도록 지원하고 다른 나라는 간섭하지 않는다.'가 되겠지. 이 원칙을 '민족 자결주의'라고 불러. 특히 식민 지배를 받던 아시아와 아프리카의 많은 민족은 윌슨 대통령의 주장에 기대를 걸었단다. 민족 자결주의 원칙에 따르면 식민 지배를 받는 민족이 독립을 원한다면 독립을 얻을 수도 있었거든."

"아, 한국사 배울 때 들었던 기억이 나요. 3.1 운동도 민족 자결주의의 영향을 받아 일어났어요."

"근데 선생님, 미국 대통령이 왜 그런 주장을 했어요?"

영심이의 말에 곽두기가 살짝 고개를 갸웃거렸다.

"미국은 승전국이 패전국의 식민지를 차지하려고 서로 경쟁을 벌이는 것을 막으려고 했어. 혹시라도 영국이나 프랑스가 식민지를 더 차지하면 막 국제 사회에서 영향력을 키워 나가던 미국에는 손해였거든."

"그럼 영국이랑 프랑스는 어떻게 나왔어요?"

"전쟁으로 별 피해를 보지 않은 미국이나 내세울 수 있는 조건이라며 콧방귀를 뀌었어. 영국과 프랑스는 전쟁터에서 수백만 명이 희생

되었으니 보상을 받아야 했지. 특히 프랑스는 이번 기회에 독일에 철저하게 복수를 하겠다고 단단히 별렀단다."

"어휴, 협상이 쉽지는 않겠네요."

"1919년부터 파리에서 평화 협상이 진행되었어. 미국, 영국, 프랑스를 포함한 승전국은 패전국인 독일과 '베르사유 조약'을 맺었지. 이때 독일은 큰 손해를 봤어. 일단 베르사유 조약은 제1차 세계 대전의 모든 책임이 독일에 있다고 못 박았어. 그리고 조약에 따라 독일은 1871년에 독일 땅이 되었던 알자스와 로렌 지방을 비롯한 국경 지대의 영토를 프랑스에 돌려주어야 했지. 또 해외에 있는 독일 식민지도 모두 포기해야 했어."

"전쟁에서 졌으니 그 정도는 각오해야 하지 않나요?"

왕수재가 뒷머리를 긁적이며 말했다.

↑ 베르사유 조약 체결 모습 승전국과 독일 대표단이 베르사유 궁전에서 평화 조약을 맺는 모습이야. 이곳은 1871년 독일이 프랑스에 승리를 거두고 '독일 제국'의 성립을 선포한 곳이란다. 프랑스 입장에서는 40여 년 만에 복수를 한 셈이지.

↑ 베르사유 조약에 따른 독일의 영토 변화

최초로 세계 대전이 일어나다 **173**

"여기서 끝이 아냐. 승전국은 독일이 다시는 전쟁을 벌이지 못하게 제재하려고 했단다. 독일은 탱크와 전투기, 잠수함 같은 최신 무기를 보유하는 것이 완전히 금지됐고, 군함도 고작 20여 척만 가질 수 있었어. 총 군대 규모는 딱 잘라서 10만 명으로 제한됐어. 프랑스군의 절반도 안 되는 수준이었지. 국경 지대에는 아예 군대를 배치할 수 없었단다."

"우아, 독일의 손발을 꽁꽁 묶었네요."

"그리고 승전국은 막대한 전쟁 배상금까지 요구했어. 독일은 20년 안에 1320억 마르크를 전쟁 배상금으로 물어내야 했지. 이건 당시 독일 국민 총생산의 2년 치나 되는 큰돈이었어. 오늘날 우리나라를 기준으로 계산해 보면 거의 3,200조 원이 넘는단다."

"얼마라고요? 그걸 어떻게 갚아요?"

깜짝 놀란 장하다의 눈이 휘둥그레졌다.

"독일에 이렇게 가혹한 조건을 내건 건 프랑스였어. 독일이 빚더미에 올라 쩔쩔매며 다시는 일어서지 못하게 만들 생각이었거든. 사실

허영심의 상식 사전

마르크 독일 통일 이후 1873년부터 2002년까지 쓰였던 독일의 화폐 단위야. 독일은 현재 유로화를 쓰고 있어.

국민 총생산 일정 기간 동안 한 나라의 국민이 국내외에서 생산한 모든 물건과 서비스에 가격을 매긴 뒤 모두 합한 총액이야. 그 나라의 경제 규모를 잴 때 흔히 쓰여.

↑ **대포를 자르는 병사** 베르사유 조약에 따라 독일군의 대포를 파괴하고 있어.

↑ **독일의 전쟁 배상** 독일은 전쟁 배상금으로 독일 공장에서 만든 기계까지 프랑스로 보내야 했어.

프랑스는 여기서 그치지 않고 독일을 여러 나라로 쪼개서 통일되기 이전으로 돌려 놓으려고 했어. 그만큼 독일을 철저히 짓밟으려고 했지."

"어, 그럼 독일이 산산조각 나는 건가요?"

"영국과 미국의 반대로 쪼개지지는 않았어. 영국 입장에서는 독일이 지나치게 약해지면 러시아나 프랑스를 견제하기가 힘들어지거든. 독일 때문에 잠시 동맹을 맺고 같은 편이 되긴 했지만, 어쨌든 원래는 프랑스나 러시아 모두 영국의 대표 라이벌이었잖니?"

"쩝, 복잡하네요."

"독일에 지나치게 가혹한 요구를 하는 걸 가장 강력하게 반대한 나라는 미국이었어. 미국의 윌슨 대통령은 설령 독일에 전쟁 책임이 있다 하더라도, 이렇게 복수하겠다고 독일에 무거운 짐을 지워선 안 된

▲ 베르사유 조약을 풍자한 만화 독일을 움켜쥔 승전국들이 억지로 평화 조약을 강요하는 모습을 풍자하고 있어.

다고 생각했지. 독일 국민의 반감이 커지면 또 다른 전쟁의 불씨가 될지도 모르니까."

"복수가 또 다른 복수를 낳을 거라는 얘기네요."

"맞아. 하지만 이렇게 승전국 사이의 입장이 갈라진 탓에, 결과적으로 베르사유 조약은 이것도 저것도 아닌 조약이 되어 버렸어. 일단 독일이 많은 손해를 보고 빚더미에 오른 건 사실이야. 하지만 루르와 슐레지엔 같은 주요 공업 지대와 자원이 풍부한 땅은 고스란히 보존할 수 있었고, 여전히 서유럽 제일을 자랑하는 인구를 지닌 통일 국가로 남게 되었지. 독일 국민이 마음먹고 힘을 모은다면 언제든지 다시 유럽 제일의 국가로 도약할 수 있는 가능성이 있었던 거야."

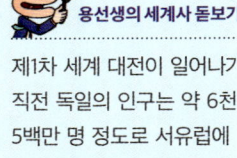

용선생의 세계사 돋보기

제1차 세계 대전이 일어나기 직전 독일의 인구는 약 6천 5백만 명 정도로 서유럽에서 가장 많았어. 같은 시기 프랑스와 영국 인구는 약 4천만 명 정도였고, 러시아 인구는 1억 명이 넘었지.

"프랑스가 원한 것처럼 완전히 짓밟지는 못한 거군요?"

"하지만 독일은 베르사유 조약의 지나친 요구에 크게 반발했어. 독일 국민은 언젠가 영국, 프랑스에 복수할 날을 기다리며 이를 악물었단다. 정확히 윌슨 대통령이 걱정한 일이 벌어진 거야."

"어설프게 독일 국민의 악감정만 키웠다는 말씀이시네요."

나선애의 정리에 용선생은 고개를 끄덕였다.

용선생의 핵심 정리

평화 협상에 돌입하며 윌슨 대통령의 '14개조 평화 원칙'과 민족 자결주의가 주목받았으나 승전국의 입장은 엇갈렸음. 독일은 베르사유 조약의 결과 지나친 요구를 강요받았고, 이것이 훗날 전쟁의 불씨가 되었음.

폐허가 된 유럽에 여러 나라가 세워지다

"마지막으로 평화 협상에서 결정된 사항을 조금 더 알아보자꾸나."

"엥? 알아볼 게 더 있어요?"

"그럼~. 전쟁의 원인이었던 발칸반도의 민족 문제도 그렇고, 애초에 전쟁을 시작한 오스트리아-헝가리 제국이 어떻게 됐는지는 살펴보지도 않았잖니. 간단히 말하자면 이곳에서는 윌슨 대통령의 '민족 자결주의' 원칙이 거의 그대로 적용됐어."

"어, 아까는 영국과 프랑스가 반대했다고 하셨잖아요?"

"패전국의 일일 때는 입장이 달랐어. 영국과 프랑스도 패전국의 식민지에 민족 자결주의를 적용하는 건 반대하지 않았거든. 단지 자신들의 식민지만 건드리지 않으면 된다고 생각했어. 하지만 영국과 프랑스의 식민지가 가장 많았기 때문에 대부분의 식민지는 독립을 이룰 수 없었지. 우리나라도 영국과 동맹인 일본의 지배를 받았기 때문에 독립을 할 수 없었던 거야."

용선생의 세계사 돋보기

일본은 영국 편을 들어서 전쟁에 참여했고, 중국과 태평양의 독일 식민지를 공격해 점령했어. 그리고 전쟁 이후에는 폐허가 된 유럽에 각종 물자를 수출해 많은 이득을 보았지.

"어휴, 그게 뭐예요? 민족 자결주의니 뭐니 하더니 그냥 다 승전국 맘대로네요."

"흐흐, 아무튼 평화 협상으로 오스트리아-헝가리 제국과 오스만 제국의 지배를 받던 민족들은 원하는 대로 독립할 수 있었어. 이로써 여러 민족이 모여 살던 오스트리아-헝가리 제국은 사실상 공중 분해 되었어. 수백 년 동안 오스트리아를 다스려 온 합스부르크 가문도 물러났고, 오스트리아는 공화국이 되었지."

"와, 합스부르크 가문이 사라지다니……."

"그리고 동부 유럽에는 체코슬로바키아와 헝가리 같은 국가가 새롭게 세워졌어. 또 발칸반도의 슬라브인은 세르비아의 주도 아래 '유고슬라비아 왕국'이라는 나라를 건설하고 하나로 뭉쳤단다."

"선생님, 지도를 보니 말씀하신 나라 말고도 새로 독립한 나라가 꽤 많은데요?"

지도를 살펴보던 왕수재의 말에 용선생은 고개를 끄덕였다.

"사실 러시아의 서부 지역은 제1차 세계 대전이 벌어지는 동안 대부

나선애의 세계사 사전

유고슬라비아 슬라브 말로 '남슬라브인의 땅'이라는 의미야. 유고슬라비아라는 나라 이름은 2002년까지 쓰이다가 유고슬라비아 연방이 해체되면서 사라졌어.

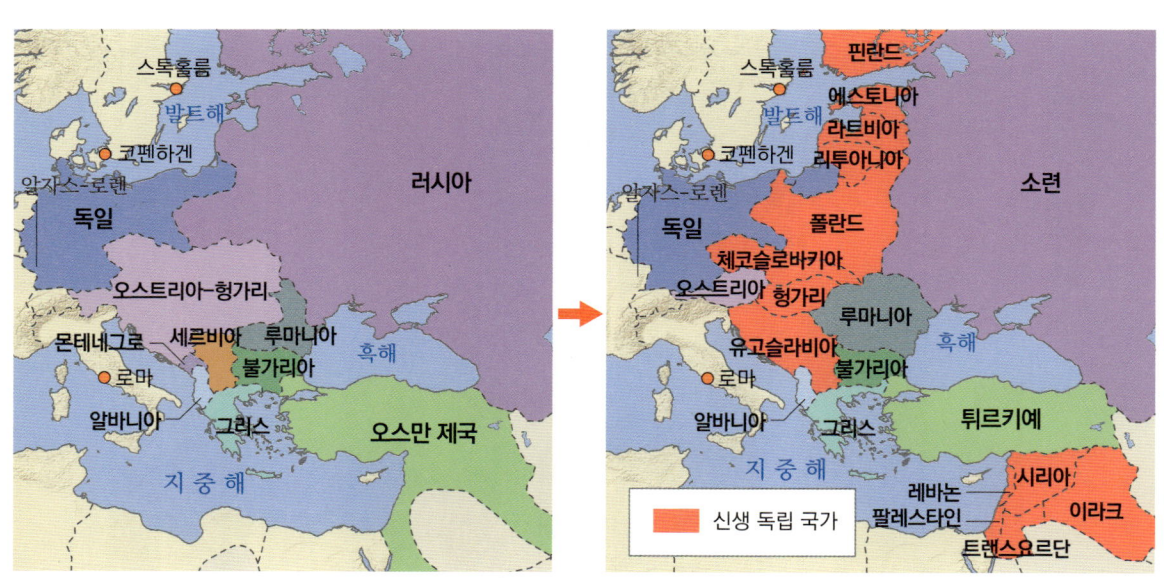

↑ 제1차 세계 대전 이후 동유럽과 서아시아 국경선의 변화

분 독일의 점령지였어. 그래서 독일이 패배하자 이 지역의 민족들도 덩달아 독립을 얻은 거야. 특히 오랫동안 자취를 감추었던 폴란드가 부활했고, 리투아니아, 라트비아, 에스토니아 같은 나라도 독립을 얻었단다. 또 서아시아에서도 아랍인의 나라들이 독립해서 오스만 제국은 아나톨리아반도로 영토가 쪼그라들었지."

"전쟁이 끝나고 정말 많은 게 바뀌었네요."

"그리고 가장 큰 변화라면 역사상 처음으로 여러 나라가 공동의 문제를 해결하기 위해 국제기구를 만든 거야. 세계 각국은 윌슨 대통령의 제안에 따라 '국제 연맹'을 만들었어. 국제 연맹은 다양한 국가 간의 갈등을 조정해서 큰 전쟁이 발생하는 걸 막기 위해 세워진 기구였지."

"흠, 14개 원칙 중에 맨 마지막에 있던 거 말씀하시는 거죠?"

"그런데 국제 연맹이라면 지금의 국제 연합(UN)을 말씀하시는 건가요?"

↑ 리투아니아 독립 100주년 기념식 러시아의 지배를 받던 리투아니아는 1918년 2월 독립을 선언했어.

▸ 용선생의 세계사 돋보기

오늘날엔 발트해 연안에 위치한 이 세 나라를 묶어서 '발트 3국'이라고 부르기도 해.

➜ 국제 연맹 창립식 1920년 11월에 열린 국제 연맹 창립식이야. 하지만 국제 연맹 창립에는 미국과 소련을 비롯한 주요국이 모두 빠졌지.

↓ 국제 연합 제네바 사무국 팔레데나시옹 이곳은 국제 연합이 만들어지기 전 국제 연맹의 본부였어.

왕수재가 안경을 고쳐 쓰며 말했지만 용선생은 고개를 가로저었다.

"하하. 지금 있는 국제 연합과는 조금 달라. 국제 연합은 비교적 세계 문제에 적극적으로 개입하여 여러 목소리를 내고 필요할 경우엔 여러 나라가 힘을 합쳐 군대도 조직하지만, 국제 연맹은 원래 목적과는 달리 별 힘도 없었어. 일단 꼭 참여해야 할 국가들이 참여하지 않았단다. 패전국이긴 하지만 유럽에서는 여전히 중요한 국가인 독일과 오스만 제국이 빠졌고, 러시아의 뒤를 이은 소련도 빠졌거든. 심지어 미국도 빠졌어."

"엥, 미국 대통령이 만들자고 한 거 아니었어요?"

"미국 의회가 국제 연맹 가입을 반대했거든. 미국과는 크게 관계도 없는 일에 괜히 참견하고 다니다가 국가의 이익을 해칠 수 있다는 이유 때문이었지. 이렇게 중요한 나라가 모두 빠졌으니 국제 연맹은 그냥 허수아비에 불과했어. 혹시나 어떤 나라가 전쟁을 벌이려 해도 그걸 막을 수 있는 힘이 하나도 없었지."

"그럼 결국 변한 게 하나도 없네요? 예전이랑 똑같잖아요."

> **나선애의 세계사 사전**
> **소련** '소비에트 사회주의 공화국 연방'의 준말로, 러시아 혁명의 결과 러시아 제국이 무너지고 대신 들어선 세계 최초의 사회주의 국가야.

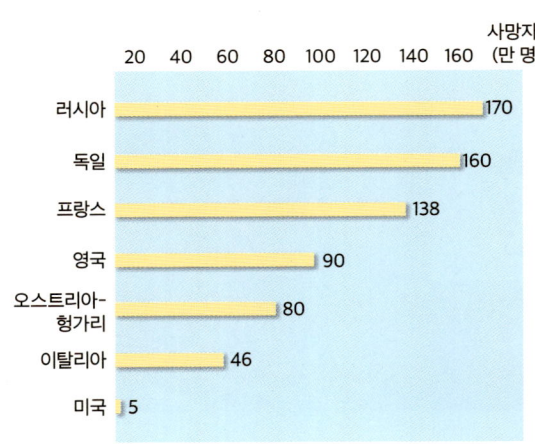

↑ 제1차 세계 대전 시 유럽 각국의 인명 피해

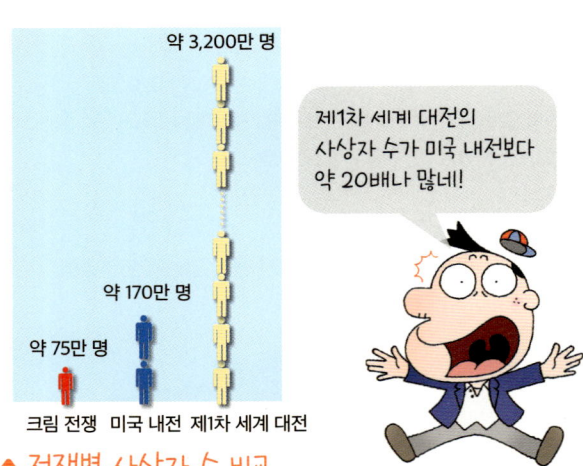

↑ 전쟁별 사상자 수 비교

"하지만 세계 주요 나라가 평화를 지키기 위해 공동으로 노력하자고 뜻을 모은 것만으로도 큰 의미 아니겠니? 제1차 세계 대전은 정말 치열하고 끔찍한 전쟁이었어. 승리한 나라나 패배한 나라나 어마어마한 피해를 봤지. 고작 4년간의 전쟁으로 영국, 프랑스, 독일에서 각각 백만 명 이상의 젊은이가 목숨을 잃었어. 사실상 유럽의 젊은이 열 명 중 한 명은 전쟁터에서 목숨을 잃은 거야. 간신히 목숨은 건졌다고 해도, 거의 모든 유럽 젊은이가 끔찍한 전쟁터를 경험하고 돌아와서 전쟁의 공포에 시달렸지."

"이제 다들 평화의 소중함을 알게 된 거군요."

"물론이야. 지금도 유럽 곳곳에는 제1차 세계 대전 피해자를 추모하는 공간이 남아 있단다. 게다가 전쟁 때문에 유럽 각국은 폐허가 되어 버렸어. 특히 전쟁의 주 무대였던 벨기에와 프랑스의 피해가 막심했지. 농토는 황무지가 되었고, 건물과 철도, 공장을 비롯한 각종 시설도 상당히 많이 파괴됐거든. 전쟁의 피해를 복구하려면 얼마나 오랜 세월이 걸릴지 짐작조차 할 수가 없었어. 게다가 이 모든 피해

▲ **무명용사의 무덤** 프랑스 파리의 개선문 아래에 있는 공간이야. 제1차 세계 대전에 참여한 이름 없는 병사들을 추모하는 곳이지.

▲ **메닌 게이트** 벨기에의 이프레 시에 있는 추모 공간이야. 제1차 세계 대전 당시 목숨을 잃었지만 무덤에 묻히지 못한 병사 5만 5천 명의 이름이 새겨져 있지.

를 복구하려면 결국 돈이 필요했는데, 유럽 각국은 전쟁을 치르느라 이미 막대한 돈을 쓴 데다가 빚까지 지고 있었단다."

"빚이라고요? 누가 돈을 빌려줬나요?"

"미국이야. 미국이 전쟁 중에 모든 물자를 빌려주었거든. 그게 다 빚이 되어 버린 거야. 이렇게 돈에 쪼들리다 보니 제아무리 승전국이라고 해도 국력이 전쟁 이전보다 훨씬 약해질 수밖에 없었지. 프랑스는 말할 것도 없고, 영국도 더는 세계 최대 규모의 해군을 유지하기 어려워서 허덕였단다."

"전쟁에 이기긴 했지만, 별 소득이 없었던 거네요."

"반면 미국은 승승장구했어. 미국은 전쟁으로 피해를 거의 입지 않았어. 오히려 전쟁 막바지까지 중립을 지킨 덕에 유럽에 온갖 물건을 수출했지. 그래서 미국의 산업은 크게 성장했고, 제1차 세계 대전이 끝난 이후 미국의 영향력은 훨씬 커졌어. 반면 영국과 프랑스처럼 그동안 세계를 쥐락펴락했던 제국주의 국가는 서서히 몰락했지. 그러자 자연스럽게 전 세계적으로 크고 작은 변화가 일어났단다."

"무슨 변화가 일어났는데요?"

" 그건 다음 시간부터 천천히 알아보자. 고생 많았어!"

> **용선생의 핵심 정리**
>
> 민족 자결주의의 영향으로 많은 국가가 독립했지만, 승전국의 지배를 받는 대다수 식민지는 독립하지 못함. 국제 연맹이 만들어졌으나 제 역할을 하지 못함. 전쟁의 결과 승전국과 패전국 가릴 것 없이 큰 피해를 입었으며, 유럽이 몰락하고 미국의 영향력이 커짐.

나선애의 정리노트

1. 전 세계로 확산된 제1차 세계 대전
- 오스트리아-헝가리 제국이 사라예보에서 일어난 황태자 암살 사건을 계기로 세르비아를 침공함.
    - → 동맹군과 연합군이 대립하는 세계 대전으로 번짐.
    - → 각국 국민은 승리를 확신하며 전쟁에 적극 나섬.

2. 연합군의 승리로 끝난 제1차 세계 대전
- 독일은 파리를 점령하는 데 실패하면서, 서부 전선에서 연합군과 치열한 참호전을 벌임.
- 독일은 동부 전선에서 러시아보다 우세했으나, 영국 해군의 활약으로 어려움에 처함.
- 독일의 무제한 잠수함 작전과 치머만 전보 사건을 계기로 미국이 참전.
    - → 연합군의 승리가 확실해짐.
- 킬 군항 반란과 혁명으로 새 정부가 들어서며 독일이 항복함.

3. 전쟁의 불씨를 남긴 베르사유 조약
- 전쟁 후 평화 협상에서 윌슨 미국 대통령은 14개조 평화 원칙을 주장
    - → 민족 자결주의를 두고 승전국의 입장이 엇갈림.
- 독일은 베르사유 조약으로 과도한 전쟁 배상을 요구 받음.
    - → 훗날 전쟁의 불씨가 됨.

4. 제1차 세계 대전이 불러온 변화
- 민족 자결주의는 많은 국가를 독립시켰으나, 승전국의 식민지에는 적용되지 않음.
- 최초의 국제기구인 국제 연맹이 만들어졌으나 큰 힘을 발휘하지 못함.
- 영국과 프랑스는 큰 피해를 입으며 몰락하고 미국의 영향력이 매우 커짐.

세계사 퀴즈 달인을 찾아라!

1 제1차 세계 대전에 대해 바르게 설명한 친구는? (   )

 ① 이탈리아는 끝까지 중립을 지켰어.

 ② 사라예보 사건을 계기로 전쟁이 시작되었어.

 ③ 영국이 참전하자 일본과 중국도 독일 편을 들어 참가했어.

 ④ 러시아를 견제하기 위해 독일과 영국, 프랑스가 한편이 되었어.

2 빈칸에 공통으로 들어갈 알맞은 말을 써 보자.

제1차 세계 대전이 시작되고, 전쟁 초반 독일이 파리를 점령하는 데 실패하면서 독일과 영국-프랑스 연합군은 4년 동안 끔찍한 ○○전을 벌이게 되었다. 적의 ○○를 돌파하기 위해 각종 신무기가 등장하고, 후방의 시민도 전쟁에 적극적으로 참여하는 총력전이 펼쳐졌다.

(   )

3 다음 사건들을 일어난 순서대로 써 보자.

㉠ 킬 군항의 반란을 계기로 독일에서 혁명이 일어났다.
㉡ 독일은 프랑스를 공격하는 과정에서 벨기에를 침공했다.
㉢ 루시타니아호 침몰 사건을 계기로 미국이 제1차 세계 대전에 참여했다.
㉣ 마른강 전투에서 프랑스군이 독일군의 진격을 막으며 파리를 지켜냈다.

(-   -   -   )

4 베르사유 조약에 대한 설명으로 옳지 <u>않은</u> 것은? ( )

<베르사유 조약에 따른 독일의 영토 변화>

① 제1차 세계 대전 후 승전국과 독일이 맺은 조약이다.
② 루르와 슐레지엔 같은 주요 공업 지대는 독일이 보존했다.
③ 독일은 알자스, 로렌 지방과 해외 식민지를 포기해야 했다.
④ 미국의 과도한 배상 요구 때문에 독일이 복수심을 품게 되었다.

5 빈칸에 들어갈 평화 원칙의 이름으로 옳은 것은? ( )

<우드로 윌슨>

(   )는 여러 민족이 자기 민족의 일을 직접 결정할 수 있도록 자치와 독립을 지원하자는 원칙을 의미한다. (   )의 영향으로 많은 국가가 독립했지만, 승전국의 지배를 받는 대다수 식민지는 독립하지 못했다.

① 사회주의
② 제국주의
③ 민족 자결주의
④ 슬라브 민족주의

6 제1차 세계 대전 후 나타난 변화로 옳은 것은? ( )

① 유고슬라비아 왕국이 해체되었다.
② 미국 주도로 국제 연맹이 활발하게 운영됐다.
③ 영국과 프랑스는 힘을 잃고 미국의 영향력이 커졌다.
④ 승전국의 반대로 발칸반도에는 새로 독립한 나라가 없었다.

정답은 223쪽에서 확인하세요!

용선생 세계사 카페

제1차 세계 대전이
여성 참정권 운동에 영향을 끼쳤다고?

인류 최초로 벌어진 세계 대전은 너무나 참혹한 비극이었어. 하지만 인류의 절반에 해당하는 여성들은 이 전쟁을 거치며 드디어 목소리를 높일 수 있었단다. 세계 대전으로 인해 여성의 사회 진출이 한층 활발해졌거든.

1900년대 초까지도 여성은 남성에 비해 열등한 존재라는 편견이 전 세계에 퍼져 있었어. 그래서 여성은 일상적으로 차별을 받았지. 여성이라는 이유로 할 수 없는 일은 너무나도 많았어. 운전을 하거나, 보호자 없이 혼자 다니거나, 머리를 짧게 자르거나, 식당에서 혼자 밥을 먹더라도 몰상식한 행동으로 취급받았어. 또 사회에 나가 일을 하기보다는 하루빨리 결혼해서 아이를 낳고 잘 키우는 것을 여성의 유일한 미덕으로 여겼단다.

▶ 에멀린 팽크허스트
(1858년~1928년)
영국에서 여성 참정권 운동을 주도한 인물이야. 1903년 '여성 사회정치연합'을 만든 이후 각종 집회를 주도해 십여 차례나 감옥에 갇히기도 했지.

◀ 영국의 여성 참정권 시위 현장
피를 흘리며 쓰러진 사람들과 건물 유리창을 깨며 거세게 저항하는 여성들의 모습이 보여.

여성에 대한 인식이 이러니 당연히 중요한 일은 맡을 수가 없었어. 기껏해야 직물 공장의 허드렛일 정도만 할 수 있었지. 물론 남성과 같은 일을 하더라도 임금은 훨씬 적게 받았단다. 여기에 법적으로는 투표할 권리도, 선거에 나갈 권리도 부여받지 못했어. 1800년대 내내 노동자들이 투표권을 얻기 위해 싸울 때에도 여성은 항상 소외되었지. 여성들은 1800년대 말부터 본격적으로 투표권을 비롯한 각종 권리를 요구했어. 하지만 남성들은 들은 척도 하지 않았지.

그래서 여성은 행동에 나섰어. 특히 영국을 중심으로 여성이 정치에 참여할 권리, 즉 참정권을 요구하는 시위가 거세게 일어났지. 여성 운동가들은 건물에 돌을 던져 유리창을 깨고, 우체국에 폭탄을 던져 가며 '여성 참정권 보장'을 소리 높여 주장했어. 운동가 에밀리 데이비슨은 심지어 경마 대회에 참가한 영국 국왕의 말 앞에 뛰

▲ 거리를 행진하는 운동가들 1913년 워싱턴 D.C.의 여성 참정권 시위 현장이야. 미국에서도 여성 참정권 운동이 활발히 벌어졌단다.

↑ **달리는 말에 뛰어든 운동가 에밀리 데이비슨** 에밀리 데이비슨은 경마 대회에서 영국 국왕 말 앞으로 뛰어들었어. 에밀리는 이 사건으로 큰 부상을 입고 나흘 뒤 세상을 떠났대.

↑ **잡지 《서프레제트》**
여성 참정권을 주장한 잡지야. 서프레제트 운동은 1900년대 초반 활발히 이루어져서 결국 제1차 세계 대전을 계기로 많은 성과를 이룩했지.

어들어 목숨을 내던지기도 했단다. 이렇게 과격한 방법을 쓰지 않고서는 도무지 남성의 주의를 끌 수 없었기 때문이야. 정부는 당연히 운동가들을 잡아 가두어 강력하게 처벌했고, 남성들의 비난도 빗발쳤지. 하지만 그 결과 '여성 참정권'은 비로소 사회의 주목을 받게 되었단다.

↑ 런던에서 열린 여성 참정권 100주년 기념식

여성 참정권 운동은 제1차 세계 대전과 함께 새로운 전환점을 맞이했어. 일할 남성이 대부분 전쟁터의 병사로 끌려가 버려서 노동력이 부족해졌거든. 이제 여성들은 사회 곳곳에서 남성이 맡아서 하던 일을 할 수 있게 되었어. 군수 공장에서 일하는 여성, 의사로 일하는 여성, 버스와 앰뷸런스를 운전하는 여성이 속속 등장했지.

여성의 사회 진출이 이렇게 활발해지자 여성의 권리를 보장받기 위한 운동에도 힘이 실렸어. 결국 영국은 제1차 세계 대전 막바지였던 1918년에 여성 참정권을 인정했고, 뒤이어 독일과 미국 등 다른 나라들도 속속 여성 참정권을 인정했지.

얼마 전 영국 정부는 '여성 참정권 부여' 100주년을 맞이해서 과거 처벌받았던 여성 운동가들의 사면을 검토하겠다고 밝혔어. 비록 100년 전 운동가들은 모두 세상을 떠났지만, 그 주장의 정당성을 인정하고 명예를 회복시켜 주기로 한 거야.

연도	나라
1893년	뉴질랜드
1915년	덴마크
1918년	소련
1918년	영국(30세 이상)
1919년	독일
1920년	미국
1921년	스웨덴
1928년	영국(21세 이상)
1944년	프랑스
1945년	일본
1945년	이탈리아

↑ 주요 국가 여성의 참정권 획득 시기

↑ 뉴질랜드 10달러 지폐
세계에서 맨 먼저 여성의 참정권을 보장한 뉴질랜드의 10달러 지폐에는 여성 운동 지도자인 캐서린 셰퍼드의 얼굴이 그려져 있어.

↑ 영국 의회 광장의 첫 여성 동상 2018년 여성 참정권 인정 100주년을 기념해 여성 운동가 밀리센트 개럿 포셋의 동상을 세웠어. 이 동상은 영국 의회 광장의 동상 중 최초의 여성 동상이야.

용선생 세계사 카페

제1차 세계 대전에 참전한 아시아인

제1차 세계 대전은 유럽뿐만 아니라 세계 각지에 영향을 끼쳤어. 실제로 유럽 열강의 영향력이 강했던 아시아 곳곳에서도 많은 사람이 전쟁에 뛰어들었거든. 아시아의 주요 국가들이 제1차 세계 대전에 참여하게 된 계기를 살펴보자.

통일 왕국 건설을 위해 참전한 아랍인

아라비아반도를 비롯한 서아시아 지역은 공식적으로 오스만 제국의 영토였어. 하지만 오스만 제국의 몰락이 시작된 이후로는 이 지역의 원주민인 아랍인이 사실상 반쯤 독립한 채 세력을 키우고 있었지. 제1차 세계 대전이 터지자, 영국은 '전쟁 이후 서아시아에 아랍인의 통일 왕국을 세워 주겠다.'며 아랍인을 부추겨 전쟁에 뛰어들게 했어. 그러나 전쟁이 끝난 이후, 영국은 약속을 지키지 않고 프랑스와 협상을 맺어 서아시아를 나눠 가지려 했단다.

↑ **전쟁에 참여한 아랍인 부대** 이들이 전쟁에서 사용한 깃발은 이후 아랍 민족주의의 상징이 되었어. 오늘날에도 이스라엘의 팔레스타인이 같은 깃발을 쓰고 있지.

자치권을 얻기 위해 참전한 인도인

이 당시 인도에서는 영국에게서 자치권을 얻기 위한 투쟁이 한창이었어. 영국은 전쟁을 도와주면 인도에 자치권을 주겠다고 약속했지. 이 약속을 믿은 인도인은 투쟁을 중단하고 전쟁을 도왔단다. 인도인 병사가 80만 명이나 전쟁터에 나갔고, 자발적으로 돈을 모아 전쟁 비용을 보태기도 했어. 하지만 전쟁이 끝나자 영국은 역시 약속을 지키지 않았어. 배신감을 느낀 인도인은 자치를 넘어서 '독립'을 외치게 된단다.

↑ **제2 인도 기병대** 뭄바이에서 결성된 인도인 부대야. 솜강 전투를 포함해 서부 전선에서 활약했어.

동아시아 패권을 차지하기 위해 참전한 일본

일본도 영국 편에 서서 제1차 세계 대전에 참전했어. 하지만 일본의 진짜 속셈은 독일이 중국과 태평양 곳곳에 가지고 있던 조계지와 식민지를 가로채고, 유럽 열강의 시선이 분산된 틈을 타 중국을 침략하는 것이었지. 그래서 일본은 유럽의 전쟁 상황은 무시한 채 독일의 태평양 식민지를 점령하고 중국을 침략하는 데만 집중했어. 또 중국을 압박해 이권을 가로채는 데에도 성공했단다. 결국 전쟁 이후 일본은 중국 침략을 본격화하며 동아시아를 통째로 삼키려는 야심을 드러냈어.

▲ 칭다오 거리를 행진하는 일본군
일장기를 들고 중국의 칭다오 거리를 행진하는 일본군의 모습이야.

빼앗긴 이권을 되찾기 위해 참여한 중국

중국도 제1차 세계 대전에 참전했어. 이 당시 중국에서는 신해혁명을 통해 새롭게 중화민국이 세워졌지만 여전히 혼란이 계속되었지. 이 와중에 일본은 즉각 참전을 결정하고 중국에 군대를 보내 독일 조계지를 차지했어. 그리고 뒤이어 중국 정부를 압박해 많은 이권을 가로챘지. 이에 비해 중국은 전쟁 막바지에 참전을 결정했단다. 일본과 유럽 열강에 빼앗긴 이권을 되찾기 위해서였어. 중국은 전쟁터에 군인을 파견하진 않았지만 프랑스에 노동자 14만 명을 보냈고, 승전국의 일원으로 평화 협상에도 참석했지. 하지만 막상 전쟁이 끝나자 일본에 밀려서 원하던 걸 다 이룰 수는 없었단다.

▲ 중국인 노동자 부대
중국인 노동자들은 총을 들고 전쟁터에 뛰어들진 않았지만, 탄약을 비롯한 군수 물자를 나르는 등 군인 못지않게 중요한 역할을 했지.

보충 수업

19세기 유럽 문화 한눈에 살펴보기

19세기 유럽은 그야말로 격동의 시기였어. 프랑스 대혁명과 뒤이은 나폴레옹 전쟁이 유럽을 충격으로 몰아넣었고, 자유주의와 민족주의가 퍼지며 곳곳에서 혁명과 독립 운동이 크게 일어났지. 한편으로는 산업 혁명이 시작되며 경제가 놀랍게 발전했고, 기술 발전도 눈부시게 이루어졌어. 세상은 그야말로 무한히 발전하는 것처럼 보였단다.

하지만 변화와 발전이 급격한 만큼 어두운 면도 많았어. 혁명으로 많은 사람이 피를 흘렸지. 유럽 각국의 지도자들은 어떻게든 혁명을 짓밟으려 했고, 숱한 방해를 뚫고 혁명이 성공하더라도 세상은 쉽게 변하지 않았어. 특히 1848년 혁명의 실패는 자유주의와 민족주의 운동을 이끌던 유럽의 지식인에게 큰 충격을 안겨 주었단다. 여기에 산업 발전이 급격히 이루어질수록 가혹한 환경에서 신음하는 도시 노동자는 점점 늘어났고, 아시아와 아프리카 곳곳은 유럽의 식민 지배를 받으며 큰 고통을 겪었어. 열강의 경쟁은 한계를 모르고 커져 나간 끝에 제1차 세계 대전이라는 끔찍한 결과를 맞이했지.

엄청난 사건들을 겪으면서 지식인과 예술가의 고민은 깊어졌어. 그 변화는 고스란히 창작 활동으로 드러났단다. 이번 시간에는 19세기 예술가와 지식인들이 사회의 변화에 어떻게 응답하며 창작 활동을 했는지 살펴보자꾸나.

프랑스의 인상주의 화가 클로드 모네가 그린 〈인상, 해돋이〉.
인상주의 미술의 기원이 된 작품이야.

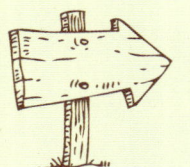
문학
낭만주의에서 깨어나 현실을 바라보다

프랑스 대혁명	나폴레옹 전쟁	빈 체제 붕괴	찰스 다윈의 《종의 기원》 발표	프로이센-프랑스 전쟁, 파리 코뮌

1789년	1803년~1815년	1848년	1859년	1870년~1871년

그림 형제 《그림동화》 (1812년)	조지 고든 바이런 《차일드 해럴드의 편력》 (1812년~1818년)	찰스 디킨스 《올리버 트위스트》 (1838년)	표도르 도스토옙스키 《죄와 벌》 (1866년)	레프 톨스토이 《전쟁과 평화》 (1869년)	에밀 졸라 《목로주점》 (1877년)

↑ 《그림 동화》에 실린 '빨간 모자'
그림 형제는 독일 사람들 사이에 전해 내려오는 이야기를 모아 동화집을 만들었어.

1700년대 말부터 유행한 계몽 사상은 프랑스 대혁명을 거치며 유럽 사회의 변화를 이끄는 지배적인 사상으로 자라났어. 혁명을 주도한 사람들은 인간의 이성을 무엇보다 중시하며 각종 개혁 정책을 통해 유럽 사회를 통째로 흔들어 놓았지. 하지만 이 과정에서 수많은 사람이 죽고 큰 혼란이 발생했단다. 그러자 인간의 이성을 중시하는 사상에 반발하며 인간의 감정과 자유로운 상상력을 드러내는 예술적 흐름이 생겨났어. 이런 흐름을 '낭만주의'라고 불러.

낭만주의 작가들은 주로 고대로 눈을 돌렸어. 영국의 시인 조지 고든 바이런은 이탈리아와 그리스, 아나톨리아반도 등 고대 그리스, 로마 문명이 꽃피었던 지역을 여행하며 옛 시인과 로마의 옛 영광을 노래하는 장편 서사시 《차일드 해럴드의 편력》을 썼지. 또한 나폴레옹 전쟁의 영향으로 민족의식이 높아지면서, 독일의 그림 형제처럼 게르만인의 전설과 민간에 전해 내려오는 옛이야기를 정리한 작가도 나왔단다.

> **편력** 두루 편(遍) 지날 력(歷). 이곳저곳을 널리 돌아다니는 것을 가리켜.

하지만 혁명의 혼란이 가라앉으면서 작가들은 다시 현실을 냉정하게 바라보기 시작했어. 특히 산업 혁명 이후 가혹한 노동 환경으로 고통받는 노동자들이 새로운 사회 문제로 떠올랐고, 탐욕스러운 부르주아를 향한 세상의 시선은 따가웠단다. 이런 변화는 곧 낭만주의와 달리 현실을 과장 없이 '있는 그대로' 받아들이고 묘사하는 것을 중요하게 여기는 사실주의의 탄생으로 이어졌지. 프랑스의 스탕달, 오노레 드 발자크, 귀스타브 플로베르, 그리고 영국의 찰스 디킨스가 대표적인 사실주의 작가란다.

프랑스의 오노레 드 발자크는 주로 대혁명 이후 프랑스 사람들의 삶을 다룬 단편 소설을 남겼어. 당시 평범한 사람들의 탐욕을 풍자한 《고리오 영감》이 발자크의 대표적인 작품이지. 《보바리 부인》을 쓴 귀스타브 플로베르 역시 프랑스 사실주의를 대표하는 작가야. 플로베르는 독자에게 현실을 객관적으로 보여 주는 것을 무엇보다도 중요하게 여겼어. 그래서 대상을 묘사할 때 과장되거나 긴 수식어 없이 간단하

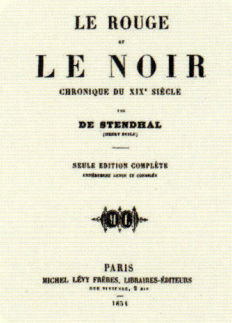

▲ 스탕달의 대표작인 《적(赤)과 흑(黑)》 실제 살인 사건 재판 기록을 토대로 쓴 소설로, 프랑스가 왕정으로 복귀한 1820년대 프랑스 사회를 생생하게 그렸어.

➜ **귀스타브 플로베르와 영화로 각색된 〈보바리 부인〉**
소설 《보바리 부인》은 플로베르의 대표작이야. 시골 의사의 아내 보바리 부인이 금지된 사랑에 빠져 마침내 파멸하는 이야기를 다뤘지. 플로베르는 이 소설을 쓰기 위해 실제로 프랑스에서 일어난 사건을 5년간 취재했대.

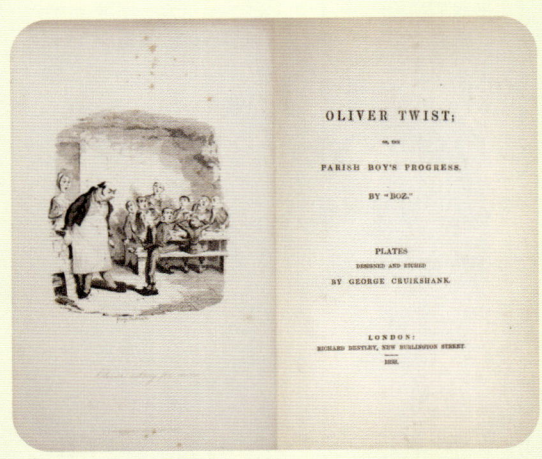

▲ 찰스 디킨스의 대표작 《올리버 트위스트》
《올리버 트위스트》는 영화와 드라마, 뮤지컬 등 다양한 장르로 재창작되었어.

고 정확한 표현을 즐겨 사용했지.

찰스 디킨스가 활동하던 시기 영국은 산업 혁명이 절정에 이르러 세계 최고의 경제 대국으로 성장하는 중이었어. 하지만 이 시기는 노동자에 대한 착취가 가장 심했던 시기이기도 해. 디킨스는 영국 노동자의 고달픈 삶을 주요 소재로 삼아 부르주아의 착취를 고발하고 노동자의 비참한 현실을 폭로하는 글을 썼어. 특히 어린이 노동 문제를 적나라하게 묘사한 《올리버 트위스트》, 부르주아의 탐욕을 꼬집고 가난과 고된 노동에 시달리는 노동자의 현실을 다룬 《크리스마스 캐럴》이 대표적인 작품이지.

미국의 마크 트웨인도 유명한 사실주의 작가야. 마크 트웨인은 《톰 소여의 모험》, 《허클베리 핀의 모험》에서 미시시피강에 사는 평범한 사람들의 생활 모습과 풍경을 사실적으로 표현했지.

사실주의 문학은 러시아에 전해져서 러시아 문학의 황금기를 열었어. 알렉산드르 푸시킨, 표도르 도스토옙스키, 레프 톨스토이 등 오늘날 세계적으로 명성을 떨치는 러시아 작가들이 모두 이때 활동했단다. 푸시킨의 《대위의 딸》, 도스토옙스키의 《죄와 벌》, 《카라마조프가의 형제들》, 톨스토이의 《안나 카레니나》, 《전쟁과 평화》 등 다양한 걸작들은 1800년대 러시아의 현실과 가난한 농민들의 삶을 생생하게 묘사한 걸작으로 칭송받지.

▲ 마크 트웨인의 《허클베리 핀의 모험》 한 장면
핀과 흑인 노예 짐이 미시시피강에서 뗏목을 타고 여행을 떠나고 있어.

← ↑ 레프 톨스토이와 영국 드라마 〈전쟁과 평화〉의 한 장면
톨스토이의 대표작 《전쟁과·평화》는 나폴레옹의 러시아 원정 당시 러시아 사회를 배경으로 삼았어. 러시아 상류층, 지식인의 삶과 전쟁의 참혹함을 방대한 분량으로 풀어냈지. 소설 자체도 굉장한 인기를 누렸지만 영화와 드라마로 각색된 작품도 많은 사랑을 받았단다.

사실주의에서 한 걸음 더 들어간 자연주의 작가도 있었어. 자연주의 작가는 찰스 다윈의 진화론에 영향을 받아 부모로부터 물려받은 유전자나 주변 환경이 한 사람의 성격에 큰 영향을 미친다고 믿었지. 그래서 사람을 묘사할 때는 그저 사실적으로 묘사하는 데서 그치지 않고, 보이지 않는 환경이나 사람의 행동에 숨어 있는 욕망까지 표현하려고 노력했어. 대표적인 작가인 프랑스의 에밀 졸라는 사람들의 도덕적 타락, 배신, 인종 차별처럼 인간이 가진 어둡고 잔혹한 면을 솔직하게 묘사했단다.

→ 에밀 졸라의 《목로주점》 연극 포스터
《목로주점》은 파리에 사는 가난한 사람의 비참한 모습과 불행을 적나라하게 묘사해서 큰 화제가 되었고, 연극으로도 공연되었어.

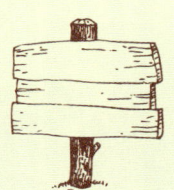

미술
눈앞의 현실을 담는 두 가지 방법

이집트에서 로제타석 발견	나폴레옹 전쟁	사진기 발명	폼페이 발굴 본격화	프로이센-프랑스 전쟁, 파리 코뮌

1799년	1803년~1815년	1839년	1861년~	1870년~1871년

귀스타브 쿠르베
대표작 〈만남〉(1854년)

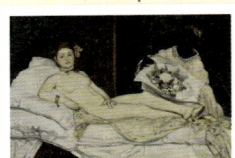
에두아르 마네
대표작 〈올랭피아〉(1863년)

클로드 모네
대표작 〈인상, 해돋이〉(1872년)

빈센트 반 고흐
대표작 〈해바라기〉(1888년)

이탈리아, 그리스 투어 GOGO!

1800년 안팎으로 이집트 문명을 엿볼 수 있는 로제타석이 발견되고, 로마 시대의 폼페이 유적이 발굴되면서 고대에 대한 관심이 높아졌어. 유럽 상류층 사이에서는 이탈리아나 이집트, 튀르키예 등 고대 문명의 흔적을 느낄 수 있는 곳으로 여행을 떠나는 것이 유행이었지. 이들이 여행지에서 겪은 일들은 사교 모임을 통해 지식인과 예술가에게 퍼졌어. 그 영향으로 미술에서는 고대 그리스와 로마 시대의 예술을 최고로 생각하는

→ 폼페이 유적 발굴 현장

◀ 귀스타브 쿠르베의 〈화가의 작업실〉
한가운데에서 그림을 그리는 사람은 쿠르베 자신이고, 어린아이가 그 모습을 올려다보고 있어. 그리고 그림 뒤편에는 지친 노동자들이 있지. 쿠르베는 어린아이의 눈으로 현실을 그대로 바라보겠다는 마음을 이렇게 표현한 거야.

고전주의 바람이 불었단다. 화가들은 주로 그리스·로마 신화나 고대 역사를 소재로 삼아 그림을 그렸지.

하지만 문학과 마찬가지로 미술계에도 혁명의 여파가 불어닥쳤어. 그래서 신화나 역사의 세계를 다루던 낭만주의, 고전주의와 달리 눈앞의 현실 세계를 정확히 담으려는 시도가 이뤄졌지. 미술에서도 사실주의가 시작된 거야. 사실주의 화가들은 일상에서 흔히 볼 수 있는 소재를 골라 현실을 있는 그대로 그림에 담으려고 노력했단다. 프랑스의 화가 귀스타브 쿠르베가 '천사를 그려 달라'는 주문에 '저는 현실에서 천사를 본 적이 없으니 천사를 그릴 수 없습니다.'라고 딱 잘라 거절했다는 일화는 사실주의가 의도하는 방향을 매우 잘 드러내 주지.

하지만 1839년 사진기가 발명되면서 또 다른 변화가 시작됐어. 현실을 똑같이 그림에 옮겨도 사진을 따라잡을 수는 없었기 때문이야. 이제 화가들은 단순히 사실을 보는 그대로 그림에 옮기는 것에 그치지 않고, 그림 안에 작가가 받은 독특한 인상이나 자신만의 강렬한

▼ 1839년 발명된 다게레오타이프 카메라

인상 도장 인(印) 모양 상(像). 어떤 대상에 대하여 마음속에 새겨진 느낌을 가리켜.

19세기 유럽 문화 한눈에 살펴보기 **199**

개성을 담으려고 시도했단다. 이런 시도를 '인상주의'라고 해.

프랑스 화가 에두아르 마네는 대표적인 인상주의 작가야. 마네의 대표작 〈풀밭 위의 점심〉을 보면 붓질이 거칠고, 작품의 공간을 묘사하면서 공간 속 여러 요소의 크기나 위치를 원근법에 따라 조정하지 않았어. 그래서 관람자들은 공간적 깊이감을 느끼기 어려웠지. 또 벌거벗은 여성을 소재로 다루기 때문에 당시의 많은 평론가에게 따가운 눈총을 받았단다.

♠ **에두아르 마네의 〈풀밭 위의 점심〉**
에두아르 마네의 이 작품은 지나치게 파격적이라는 이유로 당시에 많은 비판을 받았어. 그늘에서 빛으로 옮겨지는 부분을 점진적으로 표현하는 것이 아니라, 밝은 부분과 어두운 부분을 극단적으로 대비시켜 전통적인 회화와 매우 다르게 표현했지.

♠ **카날레토의 〈웨스트민스터 사원〉**
인상주의 이전의 화가들은 사진에 가깝게 대상을 표현했어. 대표적인 화가가 카날레토로 알려진 베네치아 출신의 풍경화 대가 지오반니 안토니오 카날레야.

♠ **클로드 모네의 〈런던 의사당〉**
모네는 빛이 만들어 내는 순간을 포착하기 위해 같은 장소에서 몇 날 며칠이고 동일한 주제로 그림을 그렸어. 순간적인 인상을 기록하려다 보니 형태가 일그러지거나 윤곽이 흐릿해지기 일쑤였지.

또 다른 인상주의 작가인 모네의 경우, 눈앞에 보이는 세상은 늘 같지 않고 빛이 어떻게 비치는지에 따라 시시각각 달라진다고 생각했어. 그래서 매 순간 달라지는 빛을 포착해 그림을 그리려고 애썼고, 똑같은 풍경을 시간만 달리해 몇 날 며칠이고 그렸단다.

비례를 엄격히 지키는 미술을 강조하던 평론가들은 인상주의 화가들의 작품을 못마땅하게 여겼어. 그래서 에두아르 마네와 클로드 모네, 빈센트 반 고흐와 같은 수많은 인상주의 화가들은 프랑스 예술계에서 외면받았지. 하지만 200여 년이 흐른 오늘날, 인상주의 화가들은 현대 미술의 토대를 놓았다는 평가를 받는단다.

↑ 클로드 모네의 〈수련〉 연작 모네는 이 그림 말고도 수련을 무려 300여 장이나 그렸어.

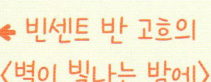

고난 속에서도 영원한 빛을 그려낸 화가, 고흐

← 빈센트 반 고흐의 〈별이 빛나는 밤에〉
고흐의 대표작이야. 밤하늘의 별과 달을 소용돌이로 묘사해 자신의 개성을 마음껏 드러냈지.

음악
애국심을 자극하는 민족주의 시대

프랑스 대혁명	나폴레옹 전쟁	빈 체제 붕괴	오스트리아-헝가리 제국 성립	프로이센-프랑스 전쟁, 파리 코뮌	제1차 세계 대전 발발
1789년	1803년~1815년	1848년	1867년	1870년~1871년	1914년

프란츠 슈베르트 〈송어〉(1817년) | 프레데리크 쇼팽 〈녹턴〉(1827년) | 리스트 페렌츠 〈교향시 제1번〉(1856년) | 주세페 베르디 〈아이다〉(1871년) | 리하르트 바그너 〈니벨룽의 반지〉(1876년) | 차이콥스키 〈백조의 호수〉(1877년)

> 서양 음악에서 시에 곡을 붙인 성악곡을 가리켜. 보통 피아노 반주에 맞추어 부르지.

19세기에는 음악에서도 개인의 감정과 열정, 자유로운 형식을 추구하는 낭만주의적인 흐름이 나타났어. 수많은 가곡을 작곡해 '가곡의 왕'이라고 불리는 오스트리아의 프란츠 슈베르트, 뛰어난 기교와 자유로운 곡 전개를 보여 준 폴란드의 프레데리크 쇼팽과 헝가리의 리스트 페렌츠 등이 이때 활동한 대표적인 음악가이지.

1848년 혁명 이후 유럽 곳곳에 민족주

↑ 오스트리아 황제 앞에서 피아노를 연주하는 리스트 페렌츠

▲ 작곡 중인 림스키코르사코프 림스키코르사코프는 러시아 국민악파를 대표하는 작곡가야. 러시아 정교와 민화에서 모티브를 따온 음악을 많이 작곡했지.

◀ 스메타나(왼쪽)와 프라하의 스메타나 박물관(오른쪽) 스메타나는 체코를 대표하는 작곡가로, 1879년 보헤미아의 국토와 역사, 전설을 그린 교향시 〈나의 조국〉을 발표했어. 프라하에 있는 스메타나 박물관에 가면 스메타나의 삶과 그가 직접 쓴 악보를 볼 수 있대.

의 열풍이 거세게 퍼지면서 음악가의 관심은 나라와 민족을 향한 애국심을 표현하는 쪽으로 기울어졌어. 특히 민족 운동이 거셌던 동부 유럽의 음악가 사이에서 애국심을 강조하는 경향이 두드러졌지. 체코의 스메타나와 드보르자크, 러시아의 림스키코르사코프 등을 묶어 '국민악파'라고 부르기도 해. 저마다 자기 민족이나 국민에 뿌리를 둔 소재나 주제의 곡을 많이 썼기 때문에 붙은 이름이야.

또한 19세기에는 오페라와 발레의 전성기이기도 했어. 독일의 작곡가 빌헬름 리하르트 바그너는 아서왕 전설에서 아이디어를 얻어 오페라 〈트리스탄과 이졸데〉와 〈파르지팔〉

◀ 바그너의 오페라 〈파르지팔〉의 한 장면

19세기 유럽 문화 한눈에 살펴보기 **203**

↑ 오페라 〈아이다〉 공연 베르디는 1871년 이집트의 수에즈 운하 개통을 축하하기 위해 〈아이다〉를 작곡했어. 〈아이다〉는 이집트에 인질로 끌려온 에티오피아 공주와 이집트 장군의 사랑을 다룬 오페라야. 엄청난 규모의 무대와 박력 있는 행진곡으로 유명하지.

← 밀라노의 라 스칼라 극장 베르디의 오페라 〈아이다〉가 처음 상연된 극장이야.

을 작곡했고, 마찬가지로 중세 서사시인 《니벨룽의 노래》를 각색해 오페라 〈니벨룽의 반지〉를 만들었지. 그리고 이탈리아의 주세페 베르디는 〈리골레토〉, 〈라 트라비아타〉, 〈아이다〉 등 뛰어난 오페라를 연거푸 선보였는데, 사람들은 베르디를 '오페라의 제왕'으로 떠받들었어. 베르디는 당시 이탈리아 통일 운동에 큰 영향을 받아 이탈리아인의 애국심을 자극하는 작품을 많이 작곡했지.

발레도 낭만주의 영향을 많이 받았어. 이 시기 대표적인 발레 작품으로는 프랑스의 음악가들이 만든 〈지젤 또는 빌리들〉이 있어. 이 작품은 중세 독일의 전설을 소재로 삼았어. 춤을 좋아하는 처녀가 죽으

↑ 〈지젤〉의 한 장면

↑ 1800년대 중반 러시아 모스크바 볼쇼이 극장에서 공연을 보는 귀족들 볼쇼이 극장은 지금도 러시아를 대표하는 오페라와 발레 극장이야.

면 '빌리'라는 춤의 요정이 되어 밤마다 젊은이를 유혹해 죽을 때까지 춤을 추게 한다는 이야기를 무대로 옮겼지. 또 러시아의 음악가 차이콥스키도 낭만적인 소재로 발레 모음곡인 〈호두까기 인형〉, 〈잠자는 숲속의 미녀〉, 〈백조의 호수〉를 만들었어. 다재다능한 작곡가였던 차이콥스키는 발레 모음곡 말고도 교향곡 〈비창〉, 오페라 〈예브게니 오네긴〉 등 다양한 형식의 음악을 발표했단다.

↑ 발레 〈백조의 호수〉와 차이콥스키
(오른쪽) 차이콥스키가 작곡한 발레곡 〈백조의 호수〉는 러시아 전래 동화에서 모티브를 따왔어. 아름답지만 저주에 걸린 오데트 공주와 지그프리드 왕자의 사랑 이야기를 다루었지.

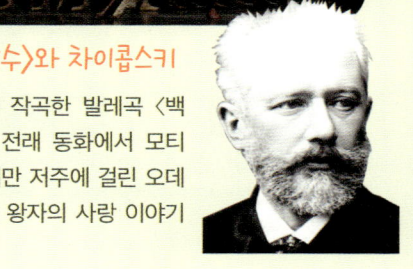

19세기 유럽 문화 한눈에 살펴보기

철학
현실 문제를 본격적으로 고민하다

프랑스 혁명	나폴레옹 전쟁	1848년 혁명, 프랑크푸르트 국민 의회 개최	프로이센-프랑스 전쟁, 독일 제국 성립	제1차 세계 대전 발발

1789년	1803년~1815년	1848년~1849년	1870년~1871년	1914년

게오르크 헤겔
《정신현상학》(1807년)

카를 마르크스 프리드리히 엥겔스
《공산당 선언》(1848년)

프리드리히 니체
《차라투스트라는 이렇게 말했다》
(1883년~1885년)

　철학은 1800년대 독일을 중심으로 크게 발전했어. 유럽의 수많은 나라 중에서 유독 독일에서 철학이 발전한 이유가 뭘까? 그건 1800년대에 유럽에서 가장 많은 변화를 경험한 나라가 독일이었기 때문이야. 독일은 나폴레옹의 공격으로 비참한 패배를 맛보았고, 1848년에는 혁명을 겪고 프랑크푸르트 국민 의회를 통해 통일 국가를 만들려 했지만 결국엔 실패로 돌아갔지. 이후 1871년 독일 제국이 만들어지고 유럽 최고의 국가로 거듭나기까지 독일 사람들은 숱한 혼란과 선택의 갈림길에 놓여 있었단다.

독일의 철학은 어려운 현실을 어떻게 해석해야 하는지, 독일이 발전하려면 어떻게 해야 할지를 거듭 고민하며 발전했어. 게오르크 헤겔, 프리드리히 니체와 카를 마르크스, 프리드리히 엥겔스 등이 바로 이런 문제를 고민했던 대표적인 독일 철학자들이지.

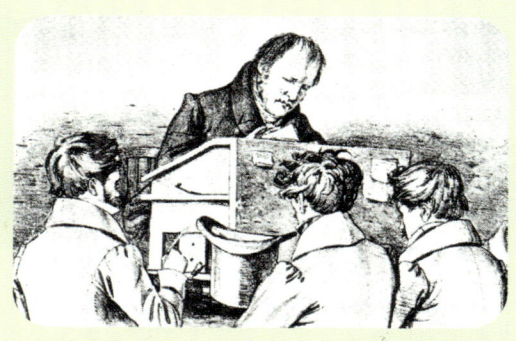

♠ **대학에서 강의하는 헤겔** 헤겔은 거의 평생을 베를린 대학의 철학 교수로 지내며 많은 제자들을 길러 냈어. 이 제자들 중에는 헤겔에 동의하는 자도, 헤겔을 반대하는 자도 많았지. 이들의 생각이 바로 1800년대 철학을 이끄는 힘이 되었단다.

게오르크 헤겔이 활동할 당시 독일은 프랑스에서 시작된 자유주의와 민족주의 열풍으로 몹시 혼란스러웠지. 그래서 헤겔은 '과연 역사는 어떻게 발전하는가?'라는 주제로 많은 고민을 했고, 그 결과 '역사는 서로 대립하는 것들이 종합되며 끊임없이 발전해 나간다.'는 결론을 내렸어. 예를 들어 지금 독일은 프랑스로부터 유입된 신문물과 독일 전통 문물이 충돌해 혼란스럽지만, 결국엔 그 둘이 하나로 종합되어 역사가 발전한다는 의미이지. 헤겔의 이런 생각을 '변증법'이라고 해.

헤겔은 역사는 변증법의 과정을 거쳐 더 많은 인류가 자유를 누리게 되는 방향으로 발전해 왔다고 생각했어. 먼 옛날에는 일부 왕족과 귀족만 자유를 누렸지만, 이제는 모든 시민이 자유를 누리는 세상이 된 것처럼 말이야. 그리고 이런 변화를 이끄는 것은 '세계정신'이라고 이야기했지. 역사를 바꿔 놓은 것처럼 보이는 위인, 역사에 해를 끼친 것처럼 보이는 악인도 알고 보면 세계정신의 뜻에 다라 자기 역할을 했을 뿐이라고 헤겔은 생각했어. 그래서 헤겔은 나폴레옹을 보고 '세계정신을 보았다.'라고 이야기했지. 헤겔의 생각은 이후 많은 철학자에게 영향을 주었단다.

← 1872년 국제노동자협회 헤이그 대회의 마르크스와 엥겔스

← 엥겔스와 마르크스, 레닌이 그려져 있는 태피스트리 이 세 사람은 사회주의 사상 발전에 공헌해 많은 사람에게 큰 영향을 끼쳤어.

↑ 《공산당 선언》 발표 100주년 기념으로 1948년에 발행된 러시아 우표

　대표적인 사회주의 사상가인 철학자 카를 마르크스와 프리드리히 엥겔스도 헤겔의 영향을 받았어. 두 사람은 헤겔과 마찬가지로 역사가 서로 대립하는 것의 종합에 의해 발전한다고 여겼어. 하지만 헤겔과 달리 '세계정신'과 같은 추상적인 것이 변화를 이끄는 게 아니라, 착취를 견디지 못한 피지배 계층의 반발을 통해 변화가 이루어져 왔다고 여겼지. 산업 혁명의 나라인 영국에 머무르며 자본주의가 어떤 모순을 가지고 있는지 직접 체험한 뒤 나온 주장이야. 그래서 마르크스와 엥겔스는 인간의 참다운 행복은 노동자의 혁명을 통해서 달성 가능하다고 주장했어. 두 사람의 주장은 이후 많은 사람의 공감을 얻었고, 1800년대 후반 파리 코뮌, 1900년대 초 러시아 혁명 등 역사에 큰 영향을 미쳤지.

　프리드리히 니체도 헤겔과 다르게 생각했어. 니체는 헤겔이 이야기한 '세계정신'은 그저 상상에 불과할 뿐이며 역사의 변화를 이끄는 절대적 힘 같은 것도 없다고 주장했단다. 오히려

← 1917년 2월 러시아 혁명 당시 행진하는 군인들
러시아 혁명은 마르크스와 엥겔스의 사회주의 이론에 큰 영향을 받아 일어났어.

역사를 대립과 변화라는 큰 틀에서만 바라보면, 그 과정에서 발생하는 개개인의 나쁜 행동들마저 '역사의 필연적인 법칙'이라며 모두 인정하게 될 수도 있다고 생각했지. 니체는 이제 세상에는 모든 종류의 법칙과 도덕적 원리, 관습에서 벗어난 새로운 인간이 필요하다고 여겼어. 그래서 이 당시 유럽 문화 전체를 거세게 비판했고, 스스로의 굳센 의지와 강한 힘을 추구하는 초인이 등장해야 한다고 주장했지. 노동자의 혁명을 통해 세상을 바꿔야 한다는 마르크스, 엥겔스와는 전혀 다른 해법을 내놓은 셈이야.

초인 인간의 불완전함이나 한계를 뛰어넘은 이상적 인간을 가리키는 말이야.

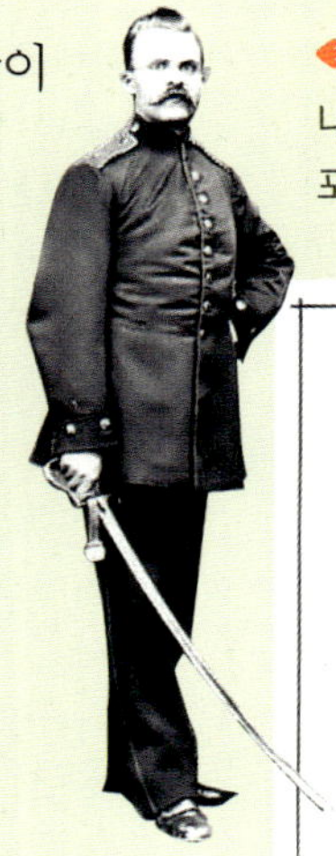

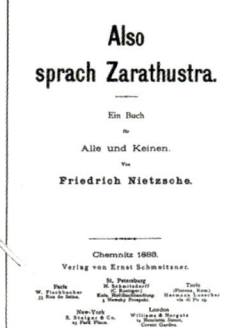

프리드리히 니체
니체는 프로이센 군대의 포병으로 잠시 복무했어.

Also
sprach Zarathustra.

Ein Buch
für
Alle und Keinen.
Von
Friedrich Nietzsche.

Chemnitz 1883.
Verlag von Ernst Schmeitzner.

Paris / St. Petersburg / Turin / New-York / London

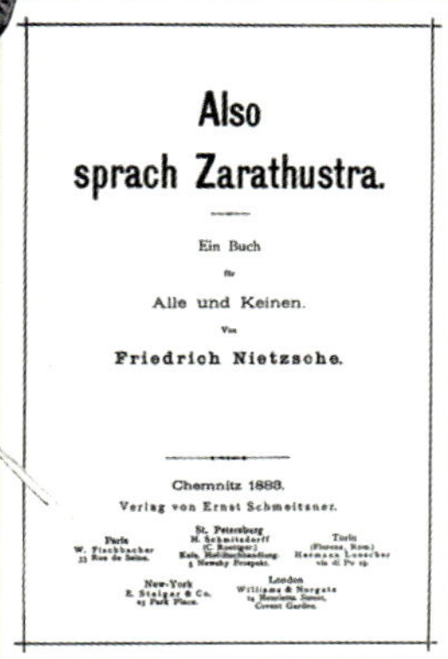

프리드리히 니체의 소설 《차라투스트라는 이렇게 말했다》
니체는 주인공 '차라투스트라'의 입을 통해 "신은 죽었다"고 선언했어. 지금까지 유럽 철학자들이 머릿속으로 만들어 온 모든 개념을 부정하는 선언이었지.

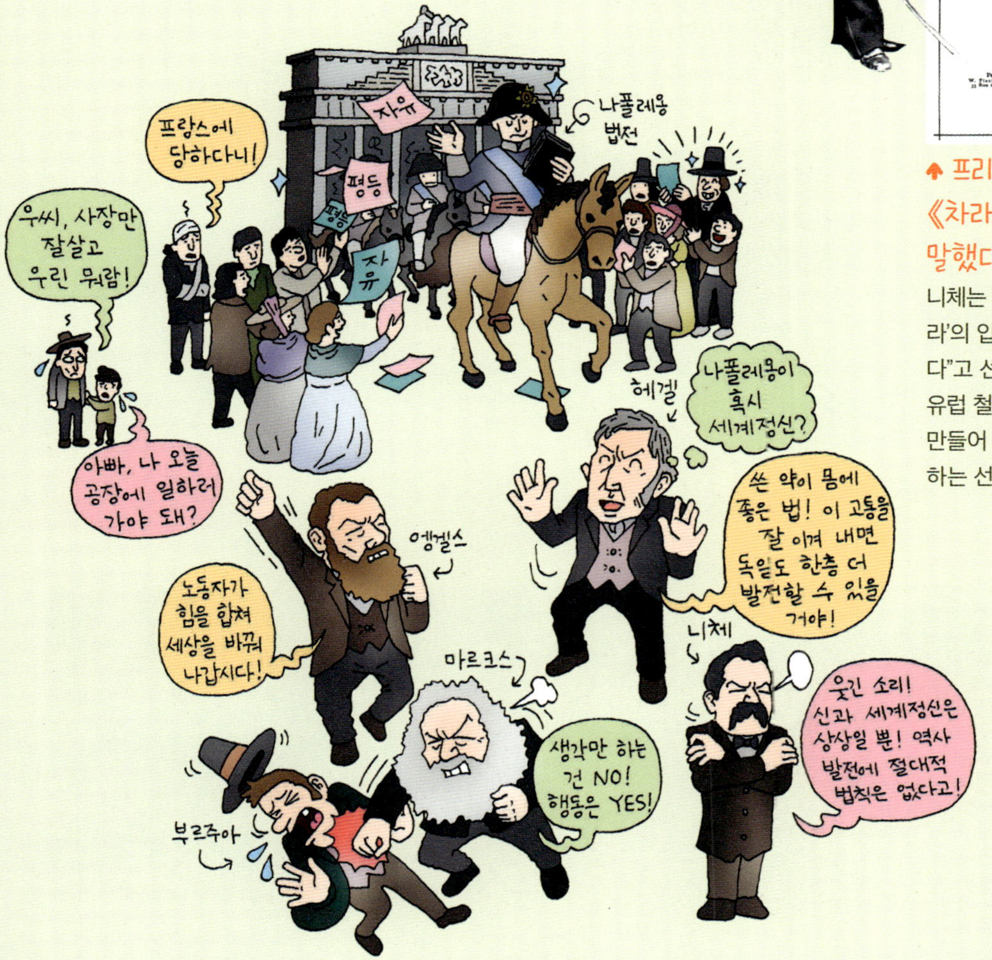

한눈에 보는 세계사-한국사 연표

세계사

1757년	영국, 플라시 전투에서 승리
1776년	미국 독립 전쟁 발발
1806년	나폴레옹, 대륙 봉쇄령 발령
1848년	1848년 혁명 발발 / 마르크스, 《공산당 선언》 발표
1853년	크림 전쟁 발발
1856년	제2차 아편 전쟁 발발
1857년	세포이 항쟁
1858년	영국, 인도 직접 통치 시작
1869년	수에즈 운하 개통 / 미국, 대륙 횡단 철도 개통
1871년	독일 제국 탄생
1882년	독일-오스트리아-이탈리아 동맹 체결(삼국 동맹)
1884년	베를린 회의(아프리카 분할)
1885년	인도 국민회의 결성
1887년	프랑스령 인도차이나 건설
1892년	호세 리살, 필리핀 민족 동맹 결성
1898년	파쇼다 사건
1904년	러일 전쟁 발발
1905년	벵갈 분할령 / 모로코 사건
1907년	영국-프랑스-러시아 동맹 체결(삼국 협상)
1912년	제1차 발칸 전쟁 발발
1914년	파나마 운하 개통 / 제1차 세계 대전 발발
1917년	러시아 혁명
1918년	러시아, 독일과 평화 조약 체결 / 독일 항복
1919년	베르사유 조약 체결

제1차 세계 대전

한국사

1725년	영조, 탕평책 실시
1750년	균역법 실시
1762년	사도 세자 죽음
1776년	정조, 창경궁에 규장각을 설치
1778년	박제가, 《북학의》를 저술
1780년	박지원, 《열하일기》를 저술
1786년	서학 금지
1793년	장용영 설치
1796년	수원 화성 완공
1800년	순조 즉위, 정순 왕후 수렴청정
1811년	홍경래의 난 발발
1818년	정약용, 《목민심서》 완성
1834년	헌종 즉위
1849년	철종 즉위
1860년	최제우, 동학 창시
1861년	김정호, 《대동여지도》 제작
1862년	전국적인 농민 항쟁(1862년 농민 항쟁)
1863년	고종 즉위, 흥선 대원군 집권
1865년	경복궁 중건
1866년	프랑스 함대 침입(병인양요)
1871년	미국 함대 침입(신미양요)
1873년	고종이 직접 통치하기 시작
1876년	일본과 강화도 조약 체결
1884년	개화파들이 정변을 일으킴(갑신정변)
1885년	영국, 거문도 불법 점령
1886년	신식 교육 기관인 육영 공원과 이화 학당 설립
1894년	갑오개혁 실시
1895년	일본 자객이 왕비를 죽임(을미사변)
1896년	고종이 러시아 공사관으로 피신(아관파천)
1897년	고종, 대한 제국 선포
1898년	만민 공동회 개최
1900년	경인선 전 구간 개통
1905년	조선이 일본에 외교권을 빼앗김(을사늑약)
1907년	고종 퇴위, 군대 해산
1908년	13도 창의군 서울 진공 작전
1909년	안중근, 이토 히로부미 저격
1910년	일본이 대한 제국을 병합함
1912년	토지 조사 사업 실시

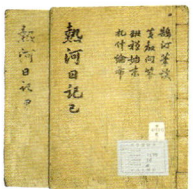
《열하일기》

《대동여지도》

황제 제복을 입은 고종

안중근 의사

찾아보기

ㄱ
국민악파 203
국제 연맹 171, 179~180

ㄴ
나미비아 12, 53, 55, 106
나이팅게일 92
남아프리카 전쟁 62~63, 113
낭만주의 194~195, 199, 202, 204
농노 해방령 93~96
니콜라이 1세 90

ㄷ
데카브리스트의 반란 79, 89
동부 전선 163

ㄹ
락슈미 바이 26
러일 전쟁 49~50, 114, 117
루마니아 80~83, 100, 130
루시타니아호 13, 166

ㅁ
마지마지 운동 55
모로코 사건 115~116, 118
미르 94~95
민족 자결주의 172, 177~178

ㅂ
발칸 동맹 119~121
발칸 전쟁 119~121
베르사유 조약 173~176
베를린 회의(1878년) 102~103, 105, 107, 112, 116
베를린 회의(1884년) 54
벵갈 13, 36~37, 39
벵갈 분할령 13, 36~37, 39

변증법 207
보어인 59~62, 113
불가리아 79~80, 84~85, 100~101, 118~120, 149, 162~163
브레스트-리토프스크 조약 168
블라디보스토크 98~99
빅토리아 여왕 29~30, 130~131
빌헬름 2세 108~111, 113, 115~116, 130~131, 144~146, 169

ㅅ
사라예보 134, 140~141, 143
사실주의 195~196, 199
삼국 동맹 108, 117~118
삼국 협상 117
삼제 동맹 99~100, 103, 108~109
서부 전선 154~155, 168, 190
서프레제트 188
세르비아 78~80, 100~102, 119~121, 134, 136~146, 149, 162~163, 178
세바스토폴 91
세실 존 로즈 58, 73
세포이 항쟁 13, 24~29
슐리펜 계획 150, 154
스와데시 운동 38
스와라지 운동 38
14개조 평화 원칙 170~171
싱가포르 70

ㅇ
아편 21
아편 전쟁 24, 68, 98
알렉산드르 2세 93~94, 97, 100, 103, 130
알제리 50~53

알프레드 드레퓌스 126~129
에멀린 팽크허스트 186
에밀 졸라 128, 197
에스파냐 독감 155
에티오피아 204
여성 참정권 운동 187~189
오토 폰 비스마르크 78, 99, 101~104, 107~109, 117, 126
우드로 윌슨 170~172, 176~177, 179
이산들와나 전투 12, 56~57
이탈리아-튀르크 전쟁 119
인도 국민회의 35, 37~39
인도 제국 29~31, 36
인상주의 200~201

ㅈ
전 인도 무슬림 연맹 37, 39
제1차 세계 대전 129, 134, 136, 140, 155, 160, 164~165, 167, 169, 173, 176, 178, 180~182, 188~191, 193
제국주의 20, 60, 86, 112, 172, 182
젬스트보 96
조계지 106, 148, 191
줄루인 12, 56~58
중화민국 191
진화론 197

ㅊ
찰스 다윈 197
참호전 155, 158
청일 전쟁 110
총력전 160
치머만 전보 167
칭다오 106, 148, 191

ㅋ

카를 마르크스 207~209
크림 전쟁 90~94, 97, 99~100, 180
킬 군항 반란 169
킴벌리 12, 61, 73

ㅌ

타이 69~71
타이완 68

ㅍ

파쇼다 110
페타르 1세 121
프로이센–프랑스 전쟁
104, 122, 126, 151
프리드리히 엥겔스
207~209
필리핀 13~19, 45~49, 71
필리핀–미국 전쟁 48

ㅎ

호세 리살 13, 16, 46~48
홍콩 19, 74

참고문헌

국내 도서

2022 개정 교육과정에 따른 중학교, 고등학교 사회교과군 교과서.
21세기연구회 저/전경아 역, 《지도로 보는 세계민족의 역사》, 이다미디어, 2012.
E.H. 곰브리치 저/백승길, 이종숭 역, 《서양미술사》, 2012.
R.K. 나라얀 편저/김석희 역, 《라마야나》, 아시아, 2012.
R.K. 나라얀 편저/김석희 역, 《마하바라타》, 아시아, 2014.
가와카쓰 요시오 저/임대희 역, 《중국의 역사》, 혜안, 2004.
강선주 등저, 《마주보는 세계사 교실》, 1~8권, 웅진주니어, 2011.
강희숙, 공수진, 박미선, 이동규, 정기문 저, 《세계사 뛰어넘기 1》, 열다, 2012.
강창훈, 남종국, 윤은주, 이옥순, 이은정, 최재인 저, 《세계사 뛰어넘기 2》, 열다, 2012.
거지엔슝 편/정근희 외역, 《천추흥망》1~8권, 따뜻한손, 2010.
고려대 중국학연구소 저, 《중국지리의 즐거움》, 차이나하우스, 2012.
고처, 캔디스&월튼, 린다 저/황보영조 역, 《세계사 특강》, 삼천리, 2010.
교육공동체 나다 저, 《피터 히스토리아》1~2권, 북인더갭, 2011.
권동희 저, 《지리이야기》, 한울, 2005.
금현진 등저, 《용선생의 시끌벅적 한국사》1~10권, 사회평론, 2016.
기노 쓰라유키 외 편/구정호 역, 《고킨와카슈(상/하)》, 소명출판, 2010.
기노 쓰라유키 외 편/최충희 역, 《고금와카집》, 지만지, 2011.
기쿠치 요시오 저/이경덕 역, 《결코 사라지지 않는 로마, 신성 로마 제국》, 다른세상, 2010.
김경묵 저, 《이야기 러시아사》, 청아, 2012.
김기협 저, 《냉전 이후》, 서해문집, 2016.
김대륜, 김윤태, 안효상, 이은정, 최재인 글, 《세계사 뛰어넘기 3》, 열다, 2013.
김대호 저, 《장건, 실크로드를 개척하다》, 아카넷주니어, 2012.
김덕진 저, 《세상을 바꾼 기후》, 다른, 2013.
김명호 저, 《중국인 이야기 1~5권》, 한길사, 2016.
김상훈 저, 《통세계사 1, 2》, 다산에듀, 2015.
김성환 저, 《교실 밖 세계사여행》, 사계절, 2010.
김수행 저, 《세계대공황》, 돌베개, 2011.
김영한, 임지현 편저, 《서양의 지적 운동》, 1~2권, 지식산업사, 1994/1998.
김영호 저, 《세계사 연표사전》, 문예마당, 2012.
김원중 저, 《대항해 시대의 마지막 승자는 누구인가?》, 민음인, 2011.
김종현 저, 《영국 산업혁명의 재조명》, 서울대학교출판문화원, 2013.
김진섭 편, 《한 권으로 읽는 인도사》, 지경사, 2007.
김진호 저, 《근대 유럽의 역사: 종교개혁부터 신자유주의까지》, 한양대학교출판부, 2016.
김창성 저, 《세계사 산책》, 솔, 2003
김태권 저, 《르네상스 미술이야기》, 한겨레출판, 2012.
김현수 저, 《이야기 영국사》, 청아출판사, 2006.
김형진 저, 《이야기 인도사》, 청아출판사, 2013.
김호동 역, 《마르코 폴로의 동방견문록》, 사계절, 2005.
김호동 저, 《아틀라스 중앙유라시아사》, 사계절, 2016.
김호동 저, 《황하에서 천산까지》, 사계절, 2011.
남경태 저, 《종횡무진 동양사》, 그린비, 2013.
남경태 저, 《종횡무진 서양사(상/하)》, 그린비, 2013.
남문희 저, 《전쟁의 역사 1, 2, 3》, 휴머니스트, 2011.
남종국 저, 《지중해 교역은 유럽을 어떻게 바꾸었을까?》, 민음인, 2011.
노명식 저, 《프랑스 혁명에서 파리 코뮌까지 1789~1871》, 책과함께, 2011.
누노메 조후 등저/임대희 역, 《중국의 역사: 수당오대》, 혜안, 2001.
닐 포크너 저/이윤정 역, 《좌파 세계사》, 엑스오북스, 2016.
데라다 다카노부 저/서인범, 송정수 공역, 《중국의 역사: 대명제국》, 혜안, 2006.
데이비드 O. 모건 저/권용철 역, 《몽골족의 역사》, 모노그래프, 2012.
데이비드 아불라피아 저/이순호 역, 《위대한 바다: 지중해 2만년의 문명사》, 책과함께, 2013.
데이비드 프리스틀랜드 저, 이유영 역, 《왜 상인이 지배하는가》, 원더박스, 2016.
도널드 쿼터트 저/이은정 역, 《오스만 제국사》, 사계절, 2008.
두보, 이백 등저/최병국 편, 《두보와 이백 시선》, 한솜미디어, 2015.
라시드 앗 딘 저/김호동 역, 《부족지: 몽골 제국이 남긴 최초의 세계사》, 사계절, 2002,
라시드 앗 딘 저/김호동 역, 《칭기스칸기》, 사계절, 2003.
라시드 앗 딘 저/김호동 역, 《칸의 후예들》, 사계절, 2005.
라이프사이언스 저, 노경아 역, 《지도로 읽는다 세계5대 종교 역사도감》, 이다미디어, 2016.
라인하르트 쉬메켈 저/한국 게르만어 학회 역, 《인도유럽인, 세상을 바꾼 쿠르간 유목민》, 푸른역사 2013.
러셀 쇼토 저, 허형은 역, 《세상에서 가장 자유로운 도시, 암스테르담》, 책세상, 2016.
러셀 프리드먼 저/강미경 역, 《1차 세계대전: 모든 전쟁을 끝내기 위한 전쟁》, 두레아이들, 2013.
로버트 M. 카멕 편저/강정원 역, 《메소아메리카의 유산》, 그린비, 2014.
로버트 템플 저/과학세대 역, 《그림으로 보는 중국의 과학과 문명》, 까치, 2009.
로스 킹 저/신영화 역, 《미켈란젤로와 교황의 천장》, 다다북스, 2007.
로스 킹 저/이희재 역, 《브루넬레스키의 돔》, 세미콜론, 2007.
로저 크롤리 저/이순호 역, 《바다의 제국들》, 책과함께, 2010.
루츠 판다이크 저/안인희 역, 《처음 읽는 아프리카의 역사》, 웅진씽크빅, 2014.
류시화, 《백만 광년의 고독 속에서 한 줄의 시를 읽다》, 연금술사, 2014.

르네 그루세 저/김호동, 유원수, 정재훈 공역, 《유라시아 유목제국사》, 사계절, 1998.
르몽드 디플로마티크 기획/권지현 등 역, 《르몽드 세계사 1, 2, 3》, 휴머니스트 2008/2010/2013.
리처드 번스타인 저/정동현 역, 《뉴욕타임스 기자의 대당서역기》, 꿈꾸는돌, 2003.
린 화이트 주니어 저/강일휴 역, 《중세의 기술과 사회변화: 등자와 쟁기가 바꾼 유럽 역사》, 지식의 풍경, 2005.
마르크 블로크 저/한정숙 역, 《봉건사회 1, 2》, 한길사, 1986.
마리우스 B. 잰슨 저/김우영 등역, 《현대일본을 찾아서》, 이산, 2010.
마이클 우드 저/김승욱 역, 《인도 이야기》, 웅진지식하우스, 2009.
마이클 파이 저/김지선 역, 《북유럽세계사 1, 2》, 소와당, 2016.
마크 마조워 저/이순호 역, 《발칸의 역사》, 을유문화사, 2014.
마틴 버넬 저/오홍식 역, 《블랙 아테나 1》, 소나무, 2006.
마틴 자크 저/안세민 역, 《중국이 세계를 지배하면》, 부키, 2010.
마틴 키친 편저/유정희 역, 《사진과 그림으로 보는 케임브리지 독일사》, 시공아크로총서, 2001.
매리 하이듀즈 저/박장식, 김동역 역, 《동남아의 역사와 문화》, 솔과학, 2012.
모방푸 저, 전경아 역, 《지도로 읽는다! 중국도감》, 이다미디어, 2016.
문수인 저, 《아세안 영웅들 – 우리가 몰랐던 세계사 속 작은 거인》, 매일경제신문사, 2015.
문을식 저, 《인도의 사상과 문화》, 도서출판 여래, 2007.
미르치아 엘리아데 저/이용주 등 역, 《세계종교사상사 1, 2, 3》, 이학사, 2005.
미셀 파루티 저/ 권은미 역, 《모차르트: 신의 사랑을 받은 악동》, 시공디스커버리총서 011, 시공사, 1999.
미야자키 마사카쓰 저/노은주 역, 《지도로 보는 세계사》, 이다미디어, 2005.
미야자키 이치사다 저, 조병한 역, 《중국통사》, 서커스, 2016.
미조구치 유조 저/정태섭, 김용천 역, 《중국의 공과 사》, 신서원, 2006.
박금표 저, 《인도사 108장면》, 민속사, 2007.
박노자 저, 《거꾸로 보는 고대사》, 한겨레, 2010.
박노자 저, 《러시아는 우리에게 무엇인가》, 신인문사, 2011.
박래식 저, 《이야기 독일사》, 청아출판사, 2006.
박노자 저, 《러시아 혁명사 강의》, 나무연필, 2017.
박수철 저, 《오다 도요토미 정권의 사사지배와 천황》, 서울대학교출판문화원, 2012.
박용진 저, 《중세 유럽은 암흑시대였는가?》, 민음인, 2011.
박윤덕 등저, 《서양사강좌》, 아카넷, 2016.
박종현 저, 《희랍사상의 이해》, 종로서적, 1990.
박지향 저, 《클래식영국사》, 김영사, 2012.
박찬영, 엄정훈 등저, 《세계지리를 보다 1, 2, 3》, 리베르스쿨, 2012.
박한제, 김형종, 김병준, 이근명, 이준갑 공저, 《아틀라스 중국사》, 사계절, 2015.
배병우 등저, 《신들의 정원, 앙코르와트》, 글씨미디어, 2004.
배영수 편, 《서양사 강의》, 한울아카데미, 2000.
배재호 저, 《세계의 석굴》, 사회평론, 2015.
버나드 루이스 편/김호동 역, 《이슬람 1400년》, 까치, 2001.

베른트 슈퇴버 저/최승완 역, 《냉전이란 무엇인가》, 역사비평사, 2008.
베빈 알렉산더 저/김형배 역, 《위대한 장군들은 어떻게 승리하였는가》, 홍익출판사, 2000.
벤자민 킨, 키스 헤인즈 공저/김원중, 이성훈 공역, 《라틴아메리카의 역사 상/하》, 그린비, 2014.
볼프람 폰 에셴바흐 저/허창운 역, 《파르치팔》, 한길사, 2009.
브라이언 타이어니, 시드니 페인터 공저/이연규 역, 《서양 중세사》, 집문당, 2012.
브라이언 페이건 저/이희준 역, 《세계 선사 문화의 이해》, 사회평론아카데미, 2015.
브라이언 페이건 저/최파일 역, 《인류의 대항해》, 미지북스, 2012.
브라이언 페이건, 크리스토퍼 스카레 등저/이청규 역, 《고대 문명의 이해》, 사회평론아카데미, 2015.
비토리오 주디치 저/남경태 역, 《20세기 세계 역사》, 사계절, 2005.
사마천 저/김원중 역 《사기 본기》, 민음사, 2015.
사마천 저/김원중 역 《사기 서》, 민음사, 2015.
사마천 저/김원중 역 《사기 세가》, 민음사, 2015.
사마천 저/김원중 역 《사기 열전 1, 2》, 민음사, 2015.
사와다 아시오 저/김숙경 역, 《흉노: 지금은 사라진 고대 유목국가 이야기》, 아이필드, 2007.
새뮤얼 노아 크레이머 저/박성식 역, 《역사는 수메르에서 시작되었다》, 가람기획, 2000.
새뮤얼 헌팅턴 저/강문구, 이재영 역, 《제3의 물결: 20세기 후반의 민주화》, 인간사랑, 2011.
서영교 저, 《고대 동아시아 세계대전》, 글항아리, 2015.
서울대학교 독일학연구소 저, 《독일이야기 1, 2》, 거름, 2003.
서진영 저, 《21세기 중국정치》, 폴리테이아, 2008.
서희석, 호세 안토니오 팔마 공저, 《유럽의 첫 번째 태양, 스페인》, 을유문화사, 2015.
설혜심 저, 《소비의 역사 : 지금껏 아무도 주목하지 않은 '소비하는 인간'의 역사》, 휴머니스트, 2017.
송영배 저, 《동서 철학의 교섭과 동서양 사유 방식의 차이》, 논형, 2004.
수잔 와이즈 바우어 저/꼬마이실 역, 《교양 있는 우리 아이를 위한 세계역사이야기》, 1-5권, 꼬마이실, 2005.
스테파니아 스타푸티, 페데리카 로마놀리 등저/박혜원 역, 《고대 문명의 역사와 보물: 그리스/로마/아스텍/이슬람/이집트/인도/켈트/크메르/페르시아》, 생각의나무, 2008.
시바료타로 저/양억관 역, 《항우와 유방 1, 2, 3》, 달궁, 2003.
시오노 나나미 저/김석희 역, 《로마 멸망 이후의 지중해 세계 (상/하)》, 한길사, 2009.
시오노 나나미 저/김석희 역, 《로마인 이야기》, 1~15권, 한길사 2007.
신성곤, 윤혜영 저, 《한국인을 위한 중국사》, 서해문집, 2013.
신승하 저, 《중국사(상/하)》, 미래엔, 2005.
신준형 저, 《뒤러와 미켈란젤로》, 사회평론, 2013.
아사다 미노루 저/이하준 역, 《동인도회사》, 피피에, 2004.
아사오 나오히로 편저/이계황, 서각수, 연민수, 임성모 역, 《새로 쓴 일본사》, 창비, 2013.
아서 코트렐 저/까치 편집부역, 《그림으로 보는 세계신화사전》, 까치, 1997.

아일린 파워 저/이종인 역, 《중세의 사람들》, 즐거운상상, 2010.
안 베르텔로트 저/체계병 역, 《아서왕》, 시공사, 2003.
안병철 저, 《이스라엘 역사》, 기본소식, 2012.
안효상 저, 《미국은 어떻게 만들어졌을까》, 민음인, 2013.
알렉산드라 미네르비 저/조행복 역, 《사진으로 읽는 세계사 2: 나치즘》, 플래닛, 2008.
알렉산드라 미지엘린스카 외 저, 《MAPS 색칠하고 그리며 지구촌 여행하기》, 그린북, 2017.
알렉산드라 미지엘린스카 외 저, 이지원 역, 《MAPS》, 그린북, 2017.
앙투안 갈랑/임호경 역, 《천일야화 1~6》, 열린책들, 2010.
애덤 하트 데이비스 편/윤은주, 정범진, 최재인 역, 《히스토리》, 북하우스, 2009.
양은영 저, 《빅히스토리: 제국은 어떻게 나타나고 사라지는가?》, 와이스쿨 2015.
양정무 저, 《난생 처음 한번 공부하는 미술 이야기 1~4》, 사회평론, 2016.
양정무 저, 《상인과 미술》, 사회평론, 2011.
에드워드 기번 저/윤수인, 김희용 공역, 《로마제국 쇠망사 1~6》, 민음사, 2008.
에르빈 파노프스키 저/김율 역, 《고딕건축과 스콜라철학》, 한길사, 2015.
에릭 홉스봄 저/김동택 역, 《제국의 시대》, 한길사, 1998,
에릭 홉스봄 저/정도영, 차명수 공역, 《혁명의 시대》, 한길사, 1998.
에릭 홉스봄 저/정도영 역, 《자본의 시대》, 한길사, 1998.
에이브러험 애서 저/김하은, 신상돈 역, 《처음 읽는 러시아 역사》, 아이비북스, 2013.
엔리케 두셀 저/박병규 역, 《1492년, 타자의 은폐》, 그린비, 2011.
역사미스터리클럽 저, 안혜은 역, 《한눈에 꿰뚫는 세계사 명장면》, 이다미디어, 2017.
오토 단 저/오인석 역, 《독일 국민과 민족주의의 역사》, 한울아카데미, 1996.
윌리엄 로 저, 기세찬 역, 《하버드 중국사 청 : 중국 최후의 제국》, 너머북스, 2014.
웨난 저/이익희 역, 《마왕퇴의 귀부인 1, 2》, 일빛, 2005.
유라쿠 천황 외 저/고용환, 강용자 역, 《만엽집》, 지만지, 2009.
유세희 편, 《현대중국정치론》, 박영사, 2009.
유용태, 박진우, 박태균 공저, 《함께 읽는 동아시아 근현대사 1, 2》, 창비, 2011.
유인선 등저, 《사료로 보는 아시아사》, 종이비행기, 2014.
이강무 저, 《청소년을 위한 세계사. 서양편》, 두리미디어, 2009.
이경덕 저, 《함께 사는 세상을 보여주는 일본 신화》, 현문미디어, 2005.
이기영 저, 《고대에서 봉건사회로의 이행》, 사회평론, 2017.
이노우에 고이치 저/이경덕 역, 《살아남은 로마, 비잔틴 제국》, 다른세상, 2010.
이명현 저, 《빅히스토리: 세상은 어떻게 시작되었을까?》, 와이스쿨, 2013.
이병욱 저, 《한권으로 만나는 인도》, 너울북, 2013.
이영림, 주경철, 최갑수 공저, 《근대 유럽의 형성: 16~18세기》, 까치글방, 2011.
이영목 등저, 《검은, 그러나 어둡지 않은 아프리카》, 사회평론, 2014.

이옥순 등저, 《세계사 교과서 바로잡기》, 삼인, 2011.
이익선 저, 《만화 로마사 1, 2》, 알프레드, 2017.
이희수 저, 《이슬람의 모든 것》, 주니어김영사, 2009.
일본사학회 저, 《아틀라스 일본사》, 사계절, 2011.
임태승, 《중국 서예의 역사》, 미술문화, 2006.
임승희 저, 《유럽의 절대 군주는 어떻게 살았을까?》, 민음인, 2011.
임한순, 최윤영, 김길웅 공역, 《에다. 북유럽신화》, 서울대학교출판문화원, 2015.
임홍배, 송태수, 장병기 등저, 《독일 통일 20년》, 서울대학교출판문화원, 2011.
자닉 뒤랑 저/조성애 역, 《중세미술》, 생각의 나무, 2004.
장문석, 《근대정신은 어떻게 탄생했을까?》, 민음인, 2011.
장 콩비 저/노성기 외 역, 《세계교회사여행: 고대·중세 편》, 가톨릭출판사, 2013.
장진퀘이 저/남은숙 역, 《흉노제국 이야기》, 아이필드, 2010.
장 카르팡티에, 프랑수아 르브룅 편저/강민정, 나선희 공역, 《지중해의 역사》, 한길사, 2009.
재레드 다이아몬드 저/김진준 역, 《총, 균, 쇠》, 문학사상, 2013.
전국역사교사모임 저, 《살아있는 세계사 교과서 1, 2》, 휴머니스트, 2013.
전국역사교사모임 저, 《처음 읽는 미국사》, 휴머니스트, 2013.
전국역사교사모임 저, 《처음 읽는 인도사》, 휴머니스트, 2013.
전국역사교사모임 저, 《처음 읽는 일본사》, 휴머니스트, 2013.
전국역사교사모임 저, 《처음 읽는 중국사》, 휴머니스트, 2013.
전국역사교사모임 저, 《처음 읽는 터키사》, 휴머니스트, 2013.
전국지리교사모임 저, 《지리쌤과 함께하는 80일간의 세계여행 : 아시아·유럽 편》, 폭스코너, 2017.
전종한 등저, 《세계지리: 경계에서 권역을 보다》, 사회평론아카데미, 2017.
정기문 저, 《그리스도교의 탄생: 역사학의 눈으로 본 원시 그리스도교의 역사》, 길, 2016.
정기문 저, 《역사보다 재미있는 것은 없다》, 신서원, 2004.
정수일 편저, 《해상 실크로드 사전》, 창비, 2014.
정재서 저, 《이야기 동양신화 중국편》, 김영사, 2010.
정재훈 저, 《돌궐 유목제국사 552~745》, 사계절, 2016.
제니퍼 올드스톤무어 저/이연승 역, 《처음 만나는 도쿄》, SBI, 2009.
제임스 포사이스 저/정재겸 역, 《시베리아 원주민의 역사》, 솔, 2009
조관희, 《중국사 강의》, 궁리, 2011.
조길태 저, 《인도사》, 민음사, 2012.
조르주 루 저/김유기 역, 《메소포타미아의 역사 1, 2》, 한국문화사, 2013.
조성권 저, 《마약의 역사》, 인간사랑, 2012.
조성일 저, 《미국학교에서 가르치는 미국역사》, 소이연, 2014.
조셉 린치 저/심창섭 등역, 《중세교회사》, 솔로몬, 2005.
조셉 폰타나 저/김원중 역, 《거울에 비친 유럽》, 새물결, 2005.
조지무쇼 저, 안정미 역, 《지도로 읽는다 한눈에 꿰뚫는 전쟁사도감》, 이다미디어, 2017.
조지 바이런 저, 윤명옥 역, 《바이런 시선》, 지만지, 2015.
조지프 니덤 저/김주식 역, 《조지프 니덤의 동양항해선박사》, 문현,

2016.

조지형 등저, 《지구화 시대의 새로운 세계사》, 혜안, 2008.

조지형 저, 《빅히스토리: 세계는 어떻게 연결되었을까?》, 와이스쿨, 2013.

조흥국 등저, 《제3세계의 역사와 문화》, 한국방송통신대학교출판부, 2012.

존 루이스 개디스 저/박건영 역, 《새로 쓰는 냉전의 역사》, 사회평론, 2003.

존 리더 저/남경태 역, 《아프리카 대륙의 일대기》, 휴머니스트, 2013.

존 맥닐, 윌리엄 맥닐 공저/ 유정희, 김우역 역, 《휴먼 웹. 세계화의 세계사》, 이산, 2010.

존 줄리어스 노리치 편/남경태 역, 《위대한 역사도시70》, 위즈덤하우스, 2010.

존 후퍼 저, 노시내 역, 《이탈리아 사람들이라서 : 지나치게 매력적이고 엄청나게 혼란스러운》, 마티, 2017.

주경철 저, 《대항해시대: 해상 팽창과 근대 세계의 형성》, 서울대학교출판부, 2008.

주경철 저, 《히스토리아》, 산처럼, 2012.

주디스 코핀, 로버트 스테이시 등저/박상익 역, 《새로운 서양 문명의 역사. 상》, 소나무, 2014.

주디스 코핀, 로버트 스테이시 등저/손세호 역, 《새로운 서양 문명의 역사. 하》, 소나무, 2014.

중앙일보 중국연구소 외, 《공자는 귀신을 말하지 않았다》, 중앙북스, 2010.

지리교육연구회 지평 저, 《지리 교사들, 남미와 만나다》, 푸른길, 2011.

지오프리 파커 편/김성환 역, 《아틀라스 세계사》, 사계절, 2009.

찰스 다윈 저, 장순근 역, 《찰스 다윈의 비글호 항해기》, 리젬, 2013.

찰스 스콰이어 저/나영균, 전수용 공역, 《켈트 신화와 전설》, 황소자리, 2009.

최병욱 저, 《동남아시아사 –민족주의 시대》, 산인, 2016.

최병욱 저, 《동남아시아사 –전통시대》, 산인, 2015.

최재호 등저, 《한국이 보이는 세계사》, 창비, 2011.

최충희 등역, 《햐쿠닌잇슈의 작품세계》, 제이앤씨, 2011.

카렌 암스트롱 저/장병옥 역, 《이슬람》, 을유문화사, 2012.

콘수엘로 바렐라, 로베르토 마자라 등저/신윤경 역, 《크리스토퍼 콜럼버스》, 21세기북스, 2010.

콘스탄스 브리텐 부셔 저/강일휴 역, 《중세 프랑스의 귀족과 기사도》, 신서원, 2005.

크리스 브래지어 저/추선영 역, 《세계사, 누구를 위한 기록인가?》, 이후, 2007.

클린 존스 저/방문숙, 이호영 공역, 《사진과 그림으로 보는 케임브리지 프랑스사》, 시공아크로총서, 2001.

타밈 안사리 저/류한월 역, 《이슬람의 눈으로 본 세계사》, 뿌리와이파리, 2011.

타키투스 저/천병희 역, 《게르마니아》, 숲, 2012.

토마스 말로리 저/이현주 역, 《아서왕의 죽음 1, 2》, 나남, 2009.

파멜라 카일 크로슬리 저/강선주 역, 《글로벌 히스토리란 무엇인가》, 휴머니스트, 2010.

패트리샤 버클리 에브리 저 /이동진, 윤미경 공역, 《사진과 그림으로 보는 케임브리지 중국사》, 시공아크로총서 2010.

퍼트리샤 리프 애너월트 저/한국복식학회 역, 《세계 복식 문화사》, 예담, 2009.

페리클레스, 튀시아스, 이소크라테스, 데모스테네스 저/김헌, 장시은, 김기훈 역, 《그리스의 위대한 연설》, 민음사, 2012.

페르낭 브로델 저/강주헌 역, 《지중해의 기억》, 한길사, 2012.

페르낭 브로델 저/김홍식 역, 《물질문명과 자본주의 읽기》, 갈라파고스, 2014.

페르디난트 자입트 저/차용구 역, 《중세의 빛과 그림자》, 까치글방, 2002.

폴 콜리어 등저/강민수 역, 《제2차 세계대전》, 플래닛미디어, 2008.

프레드 차라 저/강경이 역, 《향신료의 지구사》, 휴머니스트, 2014.

플라노 드 카르피니, 윌리엄 루부룩 등저/김호동 역, 《몽골 제국 기행: 마르코 폴로의 선구자들》, 까치, 2015.

피터 심킨스 등저/강민수 역, 《제1차 세계대전》, 플래닛미디어 2008.

피터 안드레아스 저/정태영 역, 《밀수꾼의 나라 미국》, 글항아리, 2013.

피터 홉커크 저/정영목 역, 《그레이트 게임: 중앙아시아를 둘러싼 숨겨진 전쟁》, 사계절, 2014.

필립 M.H. 벨 저/황의방 역, 《12전환점으로 읽는 제2차 세계대전》, 까치, 2012.

하네다 마사시 저/이수열, 구지영 역, 《동인도회사와 아시아의 바다》, 선인, 2012.

하름 데 블레이 저/유나영 역, 《왜 지금 지리학인가》, 사회평론, 2015.

하야미 이타루 저/양승영 역, 《진화 고생물학》, 서울대학교출판문화원, 2012.

하우즈마 데쓰오 저/김성동 역, 《대영제국은 인도를 어떻게 통치하였는가》, 심산, 2004.

하인리히 뵐플린 저/안인희 역, 《르네상스의 미술》, 휴머니스트, 2002.

하타케야마 소 저, 김경원 역, 《대논쟁! 철학배틀》, 다산초당, 2017.

한국교부학연구회 저, 《교부학 인명·지명 용례집》, 분도출판사, 2008.

한종수 저, 굽시니스트 그림, 《2차 대전의 마이너리그》, 길찾기, 2015.

해양문화연구원 편집위원회 저, 《해양문화 02. 바다와 제국》, 해양문화, 2015.

허청웨이 편/남광철 등역, 《중국을 말한다》 1~9권, 신원문화사, 2008.

헤수스 알바레스 고메스 저/강운자 편역, 《수도생활: 역사 II》, 성바오로, 2002.

호르스트 푸어만 저/안인희 역, 《중세로의 초대》, 이마고, 2005.

홍익희 저, 《세 종교 이야기》, 행성B잎새, 2014.

황대현 저, 《서양 기독교 세계는 왜 분열되었을까?》, 민음인, 2011.

황패강 저, 《일본신화의 연구》, 지식산업사, 1996.

후지이 조지 등저/박진한, 이계황, 박수철 공역, 《쇼군 천황 국민》, 서해문집, 2012.

외국 도서

クリステル・ヨルゲンセン 等著/竹内喜, 德永優子 譯, 《戰鬪技術の歷史 3: 近世編》, 創元社, 2012.

サイモン・アングリム 等著/天野淑子 譯, 《戰鬪技術の歷史 1: 古代編》, 創元社, 2011.

じェフリー・リ・ガン, 《ウィジュアル版《決戰》の世界史》, 原書房,

2008.
ブライアン・レイヴァリ,《航海の歴史》, 創元社, 2015.
マーティン・J・ドアティ,《図説 中世ヨーロッパ 武器・防具・戦術百科》, 原書房, 2013.
マシュー・ベネット 等著/野下祥子 譯,《戦闘技術の歴史 2: 中世編》, 創元社, 2014.
リュシアン・ルスロ 等著/辻元よしふみ, 辻元玲子 譯,《華麗なるナポレオン軍の軍服》, マール社, 2014.
ロバート・B・ブルース 等著/野下祥子 譯,《戦闘技術の歴史 4: ナポレオンの時代編》, 創元社, 2013.
菊地陽太,《知識ゼロからの世界史入門 1部 近現代史》, 幻冬舎, 2010.
気賀澤保規,《絢爛たる世界帝国 隋唐時代》, 講談社, 2005.
金七紀男,《図説 ブラジルの-歴史》, 河出書房新社, 2014.
木下康彦, 木村靖二, 吉田寅 編,《詳説世界史研究 改訂版》, 山川出版社, 2013.
山内昌之,《世界の歴史 20: 近代イスラームの挑戦》, 中央公論社, 1996.
山川ビジュアル版日本史図録編集委員会,《山川 ビジュアル版日本史図録》, 山川出版社, 2014.
西ヶ谷恭弘 監修,《衣食住になる日本人の歴史 1》, あすなろ書房, 2005.
西ヶ谷恭弘 監修,《衣食住になる日本人の歴史 2》, あすなろ書房, 2007.
小池徹朗 畍,《新・歴史群像シリーズ 15: 大清帝國》, 学習研究社, 2008.
水野大樹,《図解 古代兵器》, 新紀元社, 2012.
神野正史,《世界史劇場イスラーム三国志》, ベレ出版, 2014.
神野正史,《世界史劇場イスラーム世界の起源》, ベレ出版, 2013.
五十嵐武士, 福井憲彦,《世界の歴史 21: アメリカとフランスの革命》, 中央公論社, 1998.
宇山卓栄,《世界一おもしろい 世界史の授業》, KADOKAWA, 2014.
伊藤賀一,《世界一おもしろい 日本史の授業》, 中経出版, 2012.
日下部公昭 等編,《山川 詳説世界史図録》, 山川出版社, 2014.
井野瀬久美恵,《興亡の世界史 16: 大英帝国という経験》, 講談社, 2007.
佐藤信 等編,《詳説日本史研究 改訂版》, 山川出版社, 2013.
池上良太,《図解 装飾品》, 新紀元社, 2012.
後藤武士,《読むだけですっきりわかる世界史 近代編》, 玉島社, 2011.
後藤武士,《読むだけですっきりわかる現代編》, 玉島社, 2013.
後河大貴 外,《戦国海賊伝》, 笠倉出版社, 2015.
Acquaro, Enrico:《The Phoenicians: History and Treasures of An Ancient Civilization》, White Star, 2010.
Albert, Mechthild:《Das französische Mittelalter》, Klett, 2005.
Bagley, Robert:《Ancient Sichuan: Treasures from a Lost Civilization》, Princeton University Press, 2001.
Beck, B. Roger&Black, Linda:《World History: Patterns of Interaction》, Holt McDougal, 2010.
Beck, Rainer(hrsg.):《Das Mittelalter》, C.H.Beck, 1997.
Bernlochner, Ludwig(hrsg.):《Geschichten und Geschehen》, Bd. 1-6. Klett, 2004.
Bonavia, Judy:《The Silk Road》, Odyssey, 2008.
Borst, Otto:《Alltagsleben im Mittelalter》, Insel, 1983.
Bosl, Karl:《Bayerische Geschichte》, Ludwig, 1990.
Brown, Peter:《Die Entstehung des christlichen Europa》, C.H.Beck, 1999.
Bumke, Joachim:《Höfische Kultur》, Bd. 1-2. Dtv, 1986.
Celli, Nicoletta:《Ancient Thailand: History and Treasures of An Ancient Civilization》, White Star, 2010.
Cornell, Jim&Tim:《Atlas of the Roman World》, Checkmark Books, 1982.
Davidson, James West&Stoff, Michael B.:《America: History of Our Nation》, Pearson Prentice Hall, 2006.
de Vries, Jan:《Die Geistige Welt der Germanen》, WBG, 1964.
Dinzelbach, P. (hrsg.):《Sachwörterbuch der Mediävistik》, Kröner, 1992.
Dominici, David:《The Maya: History and Treasures of An Ancient Civilization》, VMB Publishers, 2010.
Duby, Georges:《The Chivalrous Society》, translated by Cynthia Postan, University of California Press, 1980.
Eco, Umberto:《Kunst und Schönheit im Mittelalter》, Dtv, 2000.
Ellis, G. Elisabeth&Esler, Anthony:《World History Survey》, Prentice Hall, 2007.
Fromm, Hermann:《Basiswissen Schule: Geschichte》, Duden, 2011.
Funcken, Liliane&Fred:《Rüstungen und Kriegsgerät im Mittelalter》, Mosaik 1979.
Gibbon, Eduard:《Die Germanen im Römischen Weltreich,》, Phaidon, 2002.
Goody, Jack:《The development of the family and marriage in Europe》, Cambridge University Press, 1988.
Grant, Michael:《Ancient History Atlas》, Macmillan, 1972.
Großbongardt, Anette&Klußmann, Uwe,《Spiegel Geschichte 5/2013: Der Erste Weltkrieg》, Spiegel, 2013.
Heiber, Beatrice(hrsg.):《Erlebte Antike》, Dtv 1996.
Hinckeldey, Ch.(hrsg.):《Justiz in alter Zeit》, Mittelalterliches Kriminalmuseum, 1989
Holt McDougal:《World History》, Holt McDougal, 2010.
Horst, Fuhrmann:《Überall ist Mittelalter》, C.H.Beck, 2003.
Horst, Uwe(hrsg.):《Lernbuch Geschichte: Mittelalter》, Klett, 2010.
Huschenbett, Dietrich&Margetts, John(hrsg.):《Reisen und Welterfahrung in der deutschen Literatur des Mittelalters》, Würzburger Beiträge zur deutschen Philologie. Bd. VII, Königshausen&Neumann, 1991.
Karpeil, Frank&Krull, Kathleen:《My World History》, Pearson Education, 2012.
Kircher, Bertram(hrsg.):《König Aruts und die Tafelrunde》, Albatros, 2007.
Klußmann, Uwe&Mohr, Joachim:《Spiegel Geschichte 5/2014: Die Weimarer Republik》, Spiegel 2014.
Klußmann, Uwe:《Spiegel Geschichte 6/2016: Russland》, Spiegel 2016.

Kölzer, Theo&Schieffer, Rudolf(hrsg.): 《Von der Spätantike zum frühen Mittelalter: Kontinuitäten und Brüche, Konzeptionen und Befunde》, Jan Thorbecke, 2009.
Langosch, Karl: 《Profile des lateinischen Mittelalters》, WBG, 1965.
Lesky, Albin: 《Vom Eros der Hellenen》, Vandenhoeck&Ruprecht, 1976.
Levi, Peter: 《Atlas of the Greek World》, Checkmark Books, 1983.
Märtle, Claudia: 《Die 101 wichtigsten Fragen: Mittelalter》 C.H.Beck, 2013.
McGraw-Hill Education: 《World History: Journey Across Time》, McGraw-Hill Education, 2006.
Mohr, Joachim&Pieper, Dietmar: 《Spiegel Geschichte 6/2010: Die Wikinger》, Spiegel, 2010.
Murphey, Rhoads: 《Ottoman warfare, 1500-1700》, Rutgers University Press, 2001
Orsini, Carolina: 《The Incas: History and Treasures of An Ancient Civilization》, White Star, 2010.
Pieper, Dietmar&Mohr, Joachim: 《Spiegel Geschichte 3/2013: Das deutsche Kaiserreich》, Spiegel 2013.
Pieper, Dietmar&Saltzwedel, Johannes: 《Spiegel Geschichte 4/2011: Der Dreißigjährige Krieg》, Spiegel 2011.
Pieper, Dietmar&Saltzwedel, Johannes: 《Spiegel Geschichte 6/2012: Karl der Große》, Spiegel 2012.
Pötzl, Nobert F.&Traub, Rainer: 《Spiegel Geschichte 1/2013: Das Britische Empire》, Spiegel, 2013.
Pötzl, Nobert F.&Saltzwedel: 《Spiegel Geschichte 4/2012: Die Päpste》, Spiegel, 2012.
Prentice Hall: 《History of Our World》, Pearson/Prentice Hall, 2006.
Rizza, Alfredo: 《The Assyrians and the Babylonians: History and Treasures of An Ancient Civilization》White Star, 2007.
Rösener, Werner: 《Die Bauern in der europäischen Geschichte》, C.H.Beck, 1993.
Schmidt-Wiegand: 《Deutsche Rechtsregeln und Rechtssprichwörter》, C.H.Beck, 2002.
Seibt, Ferdinand: 《Die Begründung Europas》, Fischer, 2004.
Seibt, Ferdinand: 《Glanz und Elend des Mittelalters》, Siedler, 1992.
Simek, Rudolf: 《Erde und Kosmos im Mittelalter》, Bechtermünz, 2000.
Speivogel, J. Jackson: 《Glecoe World History》, McGraw-Hill Education, 2004.
Talbert, Richard: 《Atlas of Classical History》, Routledge, 2002.
Tarling, Nicholas(ed.): 《The Cambridge of History of Southeast Asia》, Vol. 1-4. Cambridge University Press 1999.
Todd, Malcolm: 《Die Germanen》Theiss, 2003.
van Royen, René&van der Vegt, Sunnyva: 《Asterix – Die ganze Wahrheit》, übersetzt von Gudrun Penndorf, C.H.Beck, 2004.
Wehrli, Max: 《Geschichte der deutschen Literatur im Mittelalter》, Reclam, 1997.
Zimmermann, Martin: 《Allgemeine Bildung: Große Persönlichkeiten》, Arena, 2004.

논문

기민석, 〈고대 '의회'와 셈어 mlk〉, 《구약논단》 17, 한국구약학회, 2005, 140-160쪽.
김병준, 〈진한제국의 이민족 지배: 부도위 및 속국도위에 대한 재검토〉, 역사학보 제2´7집, 2013, 107-153쪽.
김인화, 〈아케메네스조 다리우스 1세의 왕권 이념 형성과 그 표상에 대한 분석〉, 서양고대사연구 38, 2014, 37-72쪽
남종국, 〈12~3세기 이자 대부를 둘러싼 논쟁: 자본주의의 서막인가?〉, 서양사연구 제52집, 2015, 5-38쪽.
박병규, 〈스페인어권 카리브 해의 인종 혼종성과 인종민주주의〉, 이베로아메리카 제8권, 제1호. 93-114쪽.
박병규, 〈카리브 해 지역의 문화담론과 문화모델에 관한 연구〉, 스페인어문학 제42호, 2007, 261-278쪽.
박수철, 〈직전정권의 '무가신격화'와 천황〉, 역사교육 제121집, 2012. 221-252쪽.
손태창, 〈신 아시리아 제국 후기에 있어 대 바빌로니아 정책과 그 문제점: 기원전 745-627〉, 서양고대사연구 38, 2014, 7-35
우석균, 〈《포폴 부》와 옥수수〉, 이베로아메리카연구 제8권, 1997, 65-89쪽.
유성환, 〈아마르나 시대 예술에 투영된 시간관〉, 인문과학논총, 제73권 4호, 2016, 403-472쪽.
유성환, 〈외국인에 대한 이집트인들의 두 시선: 고왕국 시대에서 신왕국 시대까지 창작된 이집트 문학작품 속의 외국과 외국인에 대한 묘사를 중심으로〉, 서양고대사연구 제34집, 2013, 33-77쪽.
윤은주, 〈18세기 초 프랑스의 재정위기와 로 체제〉, 프랑스사연구 제16호, 2007, 5-4´쪽.
이근명, 〈왕안석 신법의 시행과 대간관〉, 중앙사론 제40집, 2014, 75-103쪽.
이삼현, 〈하무라비法典 小考〉, 《법학논총》 2, 국민대학교 법학연구소, 1990, 5-49쪽.
이은정, 〈'다종교, 다민족, 다문화'적인 오스만제국의 통치 전략〉, 역사학보 제217집, 2013, 155-184쪽.
이은정, 〈오스만제국 근대 개혁기 군주의 역할: 셀림3세에서 압뒬하미드 2세에 이르기까지〉, 역사학보 제 208집, 2010, 103-133쪽.
이종근, 〈고대 메소포타미아의 수메르 우르-남무 법의 도덕성에 관한 연구〉, 《법학연구》 32, 한국법학회, 2008, 1-21쪽.
이종근, 〈메소포타미아 법사상 연구: 받는 소(Goring Ox)를 중심으로〉, 《신학지평》 16, 안양대학교 신학연구소, 2003, 297-314쪽.
이종근, 〈생명 존중을 위한 메소포타미아 법들이 정의: 우르 남무와 리피트이쉬타르 법들을 중심으로〉, 《구약논단》 15, 한국구약학회, 2003, 261-297쪽.
이종득, 〈멕시코-테노츠티틀란의 성장 과정과 한계: 삼각동맹〉, 라틴아메리카연구 제23권, 3호. 111-160쪽.
이지은, 〈"인도 센서스"와 식민 지식의 구축: 19세기 인도 사회와

정립되지 않은 카스트〉, 역사문화연구 제59집, 2016, 165-196쪽.
정기문, 〈로마 제국 초기 디아스포라 유대인의 팽창원인〉, 전북사학 제48호, 2016, 279-302쪽.
정기문, 〈음식 문화를 통해서 본 세계사〉, 역사교육 제138집, 2016, 225-250쪽.
정재훈, 〈북아시아 유목 군주권의 이념적 기초: 건국 신화의 계통적 분석을 중심으로〉, 동양사학연구 제122집, 2013, 87-133쪽.
정재훈, 〈북아시아 유목민족의 이동과 정착〉, 동양사학연구 제103집, 2008, 87-116쪽.
정혜주, 〈태초에 빛이 있었다: 마야의 천지 창조 신화〉, 이베로아메리카 제7권 2호, 2005, 31-62쪽.
조주연, 〈미학과 역사가 미술사를 만났을 때〉, 《미학》 52, 한국미학회, 2007. 373-425쪽.
최재인, 〈미국 역사교육의 쟁점과 전망: 아프리카계 미국인 역사교육을 중심으로〉, 역사비평 제110호, 2015, 232-257쪽.

인터넷 사이트

네이버 지식백과: terms.naver.com
미국 자율학습 사이트: www.khanacademy.org
미국 필라델피아 독립기념관 역사교육 사이트: www.ushistory.org
영국 브리태니커 백과사전: www.britannica.com
영국 대영도서관 아시아, 아프리카 연구 사이트: britishlibrary.typepad.co.uk/asian-and-african
영국 BBC방송 청소년 역사교육 사이트: www.bbc.co.ukschools/primaryhistory
독일 브록하우스 백과사전: www.brockhaus.de
독일 WDR방송 청소년 지식교양 사이트: www.planet-wissen.de
독일 역사박물관 www.dhm.de
독일 청소년 역사교육 사이트: www.kinderzeitmschine.de
독일 연방기록원 www.bundesarchiv.de
위키피디아: www.wikipedia.org

사진 제공

수록된 사진 중 일부는 노력에도 불구하고 저작권자를 확인하지 못하고 출간하였습니다. 확인되는 대로 최선을 다해 협의하겠습니다. 퍼블릭 도메인은 따로 표기하지 않았습니다.

표지
제1차 세계 대전 중 비커스 기관총을 운용하는 영국군 Wikipedia

1교시
차트라파티 시와지역 Shutterstock
헤레로인 ©Hans Hillewaert
킴벌리 Shutterstock
스와데시 광고 Wikipedia
마닐라 게티이미지코리아
마닐라 다국적 기업 콜센터 TitanOne
지프니 Lawrence Ruiz
블랙 나자렛 Jsinglador
성 어거스틴 성당 Shutterstock
산토 토마스 대학교 Ramon FVelasquez
보홀의 초콜릿 언덕 Shutterstock
마욘 화산 Shutterstock
세부 Shutterstock
코코넛 플랜테이션 농장 Shutterstock
코코넛 Shutterstock
바나나 S03311251
룸피아 Kguirnela
레촌 Shutterstock
산미구엘 Erik Cleves Kristensen
칼라만시 Shutterstock
시나강 Shutterstock
홍콩의 필리핀 가사 도우미들 Ohconfucius
민다나오 사람들 연합뉴스
모로이슬람해방전선 연합뉴스
기름종이로 포장된 화약 Rama
델리에서 벌어진 영국군과 세포이의 전투 통로이미지
락슈미 바이 Dharmadhyaksha
빅토리아 여왕 동상 Rajesh Dangi
칼카-심라 철도 AHEMSLTD~commonswiki
미얀마의 이라와디강 Shutterstock
동남아시아 고무 농장 Shutterstock
메콩강 유역의 곡창 지대 Shutterstock
인도네시아의 중국인 학교 Tropenmuseum, part of the National Museum of World Cultures
호세 리살 기념비 Yournecs

알제 Shutterstock
사이잘삼 Lokal_Profil
마지마지 전사들 Bundesarchiv, Bild 146-1984-067-35 / Hoffmann, Faul
피마자 Alvesgaspar
케이프타운 Shutterstock
다이아몬드 원석 Rob Lavinsky, iRocks.com
다이아몬드 광산 채굴 상상화 Shutterstock
쿨리 HouseOfScandal
타이 방콕의 차이나타운 Ninara from Helsinki, Finland
말레이시아 쿠알라룸푸르 차이나타운 Goosmurft
타이 비버리지 CEO Government of Thailand
창 맥주 kallerna
잉락 친나왓 World Economic Forum
헨리시 Wikipedia
다이아몬드 Shutterstock
영국 여왕의 왕관 연합뉴스
결혼반지를 끼워 주는 모습 Shutterstock
드비어스 홍콩 트램 광고 Gravillenina Ho
영화 〈블러드 다이아몬드〉 Album
총으로 무장한 아프리카 소년병들 연합뉴스

2교시
러시아 흑해 함대 Shutterstock
모로코를 방문한 빌헬름 2세 The Granger Collection
혁명 광장 Shutterstock
부쿠레슈티 Shutterstock
인민 궁전 Shutterstock
브란성 Shutterstock
드라큘라 Shutterstock
시기쇼아라 Shutterstock
도나우강 삼각주 Shutterstock
철새 Shutterstock
루마니아인 어업 토픽이미지스
몰다비아 지역 Alamy
사르말레 Shutterstock
머멀리가 Shutterstock
소피아 온천 Miroslav.Nikolov
소피아 공주 Pascal Reusch
소피아 Shutterstock
장미 계곡 Agefotostock
카잔루크 장미 축제 Alamy
장미유와 비누 Shutterstock

타라토르 Shutterstock
아이란 Shutterstock
스쿠타리 야전 병원 Wellcome Images
블라디보스토크 Shutterstock
삼제 동맹 Wikipedia
칭다오 Shutterstock
나미비아 뤼데리츠 기차역 SqueakyMarmot / Mike, Vancouver, Canada
독일 함대를 살펴보는 빌헬름 2세 Bundesarchiv, Bild 134-B2651
해군 제복을 입은 군인 Anthony Symonds
빈 소년 합창단 Photo: Andreas Praefcke
빅토리아 폭포를 가로지르는 다리 Shutterstock
영국-프랑스 동맹 기념 카드 게티이미지코리아
그리스 전함 게오르기오스 아베로프 Pmoshs
드레퓌스 광장 Martin Greslou
빅토리아 여왕의 가계도 Wikipedia
크리스티안 9세 Internet Archive Book Images

3교시
사라예보 Shutterstock
루시타니아호 침몰 Bundesarchiv, DVM 10 Bild-23-61-17
영국군 탱크 재현 Simon Q from United Kingdom
킬 군항 수병 Bundesarchiv, Bild 183-J0908-0600-002
브레스트-리토프스크 조약 체결 Bundesarchiv, Bild 183-R92623
베오그라드 Shutterstock
베오그라드 전쟁 상처 Shutterstock
칼레메그단 요새 Shutterstock
성 사바 대성당 Shutterstock
슬라바 Ванилица
구차 페스티발 Alamy
평창 동계 올림픽 코소보 Reuters
코소보 독립에 반대하는 세르비아인 Alamy
프리즈렌 Shutterstock
데차니 수도원 Shutterstock
프리슈티나 Shutterstock
사라예보 묘지 Shutterstock
세 명의 대통령 게티이미지코리아
라틴 다리 Shutterstock
모스타리 다이빙 대회 Foto: Sven Wolter
유대교 성전 시나고그 Shutterstock
이슬람교 모스크 Shutterstock
세르비아 정교회 성당 Jennifer Boyer from Fredrick, Maryland, USA
가톨릭 성당 Shutterstock
체바피 Shutterstock
튀르키예식 커피 Shutterstock
뵈렉 Shutterstock
라틴 다리 Ed S. Johpvac
러시아 총동원령 Morris, Charles, 1833-1922

벨기에 워털루 평원 Shutterstock
보주산맥 Shutterstock
참호와 철조망 FOTO:FORTEPAN / Wein Sarolta
레마르크 《서부 전선 이상 없다》 H.-P.Haack
수류탄 Jean-Louis Dubois
방독면 KWan Chuamang
에스파냐 독감 유행 당시 병동 Otis Historical Archives Nat'l Museum of Health & Medicine
1915년 군수 공장 풍경 Shutterstock
불가리아군에 맞서는 세르비아군 Shutterstock
독일군에 잡힌 러시아군 포로들 Shutterstock
잠수함의 공격을 받은 영국 상선 Bundesarchiv, Bild 102-00159
평화를 축하하는 러시아군과 독일군 Bundesarchiv, Bild 183-S10394
의회에 보고하는 우드로 윌슨 Shutterstock
대포를 자르는 병사 Bundesarchiv, Bild 146-1972-081-03
독일의 전쟁 배상 Bundesarchiv, Bild 183-R02190
리투아니아 독립 100주년 기념식 Адміністрація Президента України
팔레데나시옹 Moumou82
무명용사의 무덤 Munford
매닌 게이트 Jamain
영국의 여성 참정권 시위 현장 Alamy
여성 참정권 100주년 기념식 게티이미지코리아
영국 의회광장의 첫 여성 동상 Jwslubbock
칭다오 거리를 행진하는 일본군 Akg Images

보충수업
영화 〈보바리 부인〉 Wikipedia
영국 드라마 〈전쟁과 평화〉 Album
스메타나 박물관 A.Savin
〈파르지팔〉 한 장면 Internet Archive Book Images
오페라 〈아이다〉 Christian Abend from Laufen /, Bayern / Deutschland
밀라노 라 스칼라 극장 Shutterstock
〈지젤〉 한 장면 Luiscaraqueño
〈백조의 호수〉 Alexander Kenney / Kungliga Operan
엥겔스, 마르크스, 레닌 태피스트리 Anagoria

퀴즈 정답

1교시

1. ③
2. ②
3. O, O, X
4. 호세 리살
5. ①-㉠, ②-㉢, ③-㉡
6. Ⓐ 프랑스, Ⓑ 독일, Ⓒ 영국

2교시

1. ④
2. ③
3. ④
4. ①-㉡, ②-㉠
5. ㉠-㉢-㉣-㉡
6. ①

3교시

1. ②
2. 참호
3. ㉡-㉣-㉢-㉠
4. ④
5. ③
6. ③

일러두기

- 맞춤법과 띄어쓰기는 국립국어원에서 펴낸《표준국어대사전》을 따랐습니다.
- 역사 용어와 띄어쓰기는《교과서 편수자료》의 표기 원칙을 따랐습니다.
  단, 학계의 일반적인 표기와 다른 경우 감수자의 자문을 거쳐 학계의 표기를 따랐습니다.
- 중국의 지명은 현재까지 남아 있는 지명은 중국어 발음, 남아 있지 않은 지명은 한자음을 따랐습니다.
- 중국의 인명은 변법자강 운동을 기준으로 그 이전은 한자음, 그 이후는 중국어 발음을 따라하는 것을 원칙으로 했습니다.
- 일본의 지명과 인명은 일본어 발음을 따랐습니다.

- 이 책에 실린 사진은 북앤포토를 통해 저작권자로부터 사용허가를 받았습니다.
- 일부 사진은 wikipedia commons public domain에 게재되어 있습니다.
- 저작권자와 접촉이 되지 않는 등 불가피한 사정으로 사용 허가를 받지 못한 사진에 대해서는
  저작권자의 허락을 구하는 대로 게재 허락을 받고 사용료를 지불하겠습니다.
- 이 책에 실려 있는 지도와 그림의 저작권은 별도의 표기가 없는 한 (주)사회평론에 있습니다.

교양으로 읽는 용선생 세계사 ⑫ 제국주의의 확산과 제1차 세계 대전 — 세계의 민족 운동, 러시아·독일의 성장, 제1차 세계 대전

전면 개정판 1쇄 발행   2025년 7월 23일

글	차윤석, 김선빈, 박병익, 김선혜
그림	이우일, 박기종
지도	김경진
구성	장유영, 정지윤
자문 및 감수	강영순, 김광수, 이지은, 최재인
교과 과정 감수	박혜정, 한유라, 원지혜
어린이사업본부	이승필
편집	송용운, 김언진, 윤선아
마케팅	윤영채, 정하연, 안은지, 박찬수, 염승연
경영지원	나연희, 주광근, 오민정, 정민희, 김수아, 김승현
디자인	이수경
본문디자인	박효영, 최한나
사진	북앤포토
영상 제작	(주)트립클립
펴낸이	윤철호
펴낸곳	(주)사회평론
전화	02-326-1182
팩스	02-326-1626
주소	03993 서울시 마포구 월드컵북로6길 56 사평빌딩
용선생 클래스	yongclass.com
출판등록	1993년 10월 6일 제 10-876호

ⓒ사회평론, 2018

ISBN 979-11-6273-371-4 73900

- 이 책 내용의 일부나 전부를 다시 사용하려면 저작권자와 사회평론의 동의를 받아야 합니다.
- 잘못 만들어진 책은 구입하신 곳에서 바꾸어 드립니다.

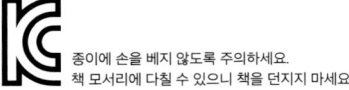
종이에 손을 베지 않도록 주의하세요.
책 모서리에 다칠 수 있으니 책을 던지지 마세요.

이 책을 만드는 데 강의, 자문, 감수하신 분

강영순(한국외국어대학교 강사)
아세아연합신학대학교 아세아학과를 졸업하고 한국외국어대학교 대학원 아시아학과에서 석사 학위를, 국립 인도네시아대학교에서 박사 학위를 받았습니다. 현재 한국외국어대학교 말레이·인도네시아어통번역 학과에서 강의를 하고 있습니다. 〈인도네시아 환경정치에 대한 연구: 열대림을 중심으로〉, 〈수까르노와 이승만: 제2차 세계 대전 후 건국 지도자 비교〉, 〈인도네시아 서 파푸아 특별자치제에 관한 연구〉 등의 논문을 지었습니다.

김광수(한국외국어대학교 HK교수)
한국외국어대학교를 졸업하고 남아프리카 공화국 노스-웨스트대학교 역사학과에서 석사·박사 학위를 받았습니다. 현재 한국외국어대학교 아프리카연구소 HK교수로 재직 중입니다. 지은 책으로 《스와힐리어 연구》, 《에티오피아 악숨 문명》 등이 있고, 함께 지은 책으로 《7인 7색 아프리카》, 《남아프리카사》 등이 있으며 《현대 아프리카의 이해》를 우리말로 옮겼습니다.

김병준(서울대학교 교수)
서울대학교 동양사학과를 졸업하고 같은 학교 대학원에서 석사·박사 학위를 받았습니다. 현재 서울대학교 역사학부 교수로 재직 중입니다. 《순간과 영원: 중국고대의 미술과 건축》, 《고사변 자서》 등을 우리말로 옮겼고, 《중국고대 지역문화와 군현지배》 등을 지었습니다. 함께 지은 책으로 《사료로 보는 아시아사》, 《역사학의 성과와 역사교육의 방향》, 《동아시아의 문화교류와 소통》 등이 있습니다.

남종국(이화여자대학교 교수)
서울대학교 서양사학과를 졸업하고 같은 학교 대학원에서 석사 학위를, 프랑스 파리1대학에서 박사 학위를 받았습니다. 현재 이화여대 사학과 교수로 재직하고 있습니다. 지은 책으로 《이탈리아 상인의 위대한 도전》, 《지중해 교역은 유럽을 어떻게 바꾸었을까?》, 《세계사 뛰어넘기》 등이 있으며 《프라토의 중세 상인》을 우리말로 옮겼습니다.

박병규(서울대학교 HK교수)
고려대학교 서어서문학과를 졸업하고 멕시코 국립대학(UNAM)에서 문학 박사 학위를 받았습니다. 현재는 서울대 라틴아메리카연구소 HK교수로 재직 중입니다. 《불의 기억》, 《파블로 네루다 자서전 - 사랑하고 노래하고 투쟁하다》, 《1492년, 타자의 은폐》 등을 우리 말로 옮겼습니다.

박상수(고려대학교 교수)
고려대학교 사학과를 졸업하고 같은 학교 대학원에서 석사학위와 박사과정 수료를, 프랑스 국립 사회과학고등연구원에서 박사 학위를 받았습니다. 현재 고려대학교 사학과 교수로 재직하고 있습니다. 지은 책으로 《중국혁명과 비밀결사》 등이 있고, 함께 지은 책으로는 《동아시아, 인식과 역사적 실재: 전시기(戰時期)에 대한 조명》 등이 있습니다. 《중국현대사 - 공산당, 국가, 사회의 격동》을 우리말로 옮겼습니다.

박수철(서울대학교 교수)
서울대학교 역사교육과를 졸업하고 같은 대학 대학원 동양사학과에서 석사를, 일본 교토대에서 박사 학위를 받았습니다. 현재는 서울대학교 역사학부 교수로 재직 중입니다. 지은 책으로는 《오다·도요토미 정권의 사사지배와 천황》이 있으며, 함께 지은 책으로는 《아틀라스 일본사》, 《사료로 보는 아시아사》, 《일본사의 변혁기를 본다》 등이 있습니다.

성춘택(경희대학교 교수)
서울대학교 고고미술사학과와 대학원에서 고고학을 전공했으며, 워싱턴대학교 인류학과에서 고고학으로 석사와 박사 학위를 받았습니다. 현재 경희대학교 사학과 교수로 재직 중입니다. 《석기고고학》이란 책을 쓰고, 《고고학사》, 《다윈 진화고고학》, 《인류학과 고고학》 등을 우리말로 옮겼습니다.

유성환(서울대학교 강사)
부산대학교 영문학과를 졸업하고 미국 브라운대학교에서 박사 학위를 받았습니다. 현재 서울대 아시아언어문명학부에서 강의를 하고 있습니다. 〈이히, 시스트럼 연주자 - 이히를 통해 본 어린이 신 패턴〉과 〈외국인에 대한 이집트인들의 두 시선〉 등의 논문을 지었습니다.

윤은주(국민대학교 강의 전담 교수)
서울대학교 서양사학과를 졸업하고 프랑스 사회과학고등연구원에서 박사 학위를 받았습니다. 현재 국민대학교 교양대학 강의 전담 교원으로 일하고 있습니다. 《넬슨 만델라 평전》을 우리말로 옮겼으며 《히스토리》의 4-5장과 유럽 국가들의 연표를 우리말로 옮겼습니다.

이근명(한국외국어대학교 교수)
서울대학교 동양사학과를 졸업하고 같은 학교 대학원에서 석사·박사 학위를 받았습니다. 현재 한국외국어대학교 사학과 교수로 재직하고 있습니다. 지은 책으로는 《남송 시대 복건 사회의 변화와 식량 수급》, 《아틀라스 중국사(공저)》, 《동북아 중세의 한족과 북방민족》 등이 있고, 《중국역사》, 《중국의 시험지옥 - 과거》, 《송사 외국전 역주》 등을 우리말로 옮겼습니다.

이은정(서울대학교 강사)
한국외국어대학교 터키어과를 졸업하고 터키 국립 앙카라 대학교 역사학과에서 석사 학위를, 서울대학교 서양사학과에서 박사 학위를 받았습니다. 현재는 서울대학교 등에서 강의를 하고 있습니다. 〈16-17세기 오스만 황실 여성의 사회적 위상과 공적 역할 - 오스만 황태후의 역할을 중심으로〉와 〈'다종교·다민족·다문화'적인 오스만 제국의 통치전략〉 등의 논문을 지었습니다.

이지은(한국외국어대학교 전임연구원)
이화여대 사학과를 졸업하고 한국외국어대학교와 인도 델리대학교, 네루대학교에서 석사·박사 학위를 받았습니다. 현재 한국외국어대학교 인도연구소 전임연구원으로 일하고 있습니다. 지은 책으로는 《탈서구중심주의는 가능한가》가 있으며 〈인도 식민지 시기와 국가형성기 하층카스트 엘리트의 저항 담론 형성과 역사인식〉, 〈반서구중심주의에서 원리주의까지〉 등의 논문을 지었습니다.

정기문(군산대학교 교수)
서울대학교 역사교육과를 졸업하고 같은 학교 대학원에서 석사·박사 학위를 받았습니다. 현재 군산대학교 사학과 교수로 재직하고 있습니다. 지은 책으로는 《한국인을 위한 서양사》, 《내 딸을 위한 여성사》, 《역사란 무엇인가》 등이 있고, 〈역사, 시민이 묻고 역사가가 답하다 저널리스트가 논하다〉, 《고대 로마인의 생각과 힘》, 《지식의 재발견》 등을 우리말로 옮겼습니다.

정재훈(경상대학교 교수)
서울대학교 동양사학과를 졸업하고 같은 학교 대학원에서 석사·박사 학위를 받았습니다. 현재 경상대학교 사학과 교수로 재직 중입니다. 지은 책으로는 《돌궐 유목제국사》, 《위구르 유목 제국사(744-840)》 등이 있고 《유라시아 유목제국사》, 《사료로 보는 아시아사》 등을 우리말로 옮겼습니다.

최재인(서울대학교 강사)
서울대학교 서양사학과를 졸업하고 같은 학교 대학원에서 석사·박사 학위를 받았습니다. 현재 서울대학교 강사로 일하고 있습니다. 함께 지은 책으로 《서양여성들 근대를 달리다》, 《여성의 삶과 문화》, 《다민족 다인종 국가의 역사인식》, 《동서양 역사 속의 다문화적 전개양상》 등이 있고, 《가부장제와 자본주의》, 《유럽의 자본주의》, 《세계사 공부의 기초》 등을 우리말로 옮겼습니다.